Die Spuren der Mönche

NOTBURG GEIBEL

Die Spuren der Mönche

NOTBURG GEIBEL

Geschichten rund
um die Benediktiner-
Erzabtei Beuron

GMEINER

Besuchen Sie uns im Internet:
www.gmeiner-verlag.de

Im Ehnried 5, 88605 Meßkirch
Telefon 07575 / 2095-0
info@gmeiner-verlag.de

1. Auflage 2021

Redaktion / Korrektorat: Anja Sandmann
Layout / Herstellung, Umschlaggestaltung: Laura Müller

Druck: AZ Druck und Datentechnik GmbH, Kempten
Printed in Germany
ISBN 978-3-8392-0100-8

Inhalt

Terra Sancta – ist das heilige Fleckchen Erde aus der Zeit gefallen?

Großartig! Einen besseren Gegensatz hätte die Autorin dieses wundervollen Buches, dieser Liebeserklärung an ein »Terra sancta«, nicht finden können: Eine protestantisch getaufte Frau aus der ehemals freien Reichstadt Esslingen in Alt-Württemberg – mit Ambrosius Blarer als Reformator in einer der Keimzellen des Pietismus – und *das* weit über die Region hinaus bekannte katholische Männerkloster im idyllischen Donautal. Sitzt, passt, wackelt und hat Luft, hätte meine schwäbische Großmutter trocken kommentiert.

Dennoch – ich versuch's. Schließlich hat mich mein Beruf vor bald 30 Jahren auch schon mal in das Refugium der Klosterbrüder in Beuron geführt – damals war der heutige Erzabt Tutilo Burger derjenige, der Kameramann, Tontechniker und mir die Klosterkirche zeigte. Ins

»Innere«, ins Kloster selbst, durften damals nur meine Kollegen. Wie es heute wohl wäre? Die Gleichstellung und Ökumene rücken ja immer näher ...

»Kloster Beuron« – ich finde ja, schon der Name hat etwas Kontemplatives, Sehnsüchtiges. Also stand im Vorfeld dieses Präskripts etwas Recherche: Was ist es, das Menschen verschiedenster Herkunft in aller Welt heutzutage ins Kloster zieht? Die Hochzeit meiner Nichte diesen Sommer schien mir genau die richtige Location zu sein. »Brau- und Backkunst« war die pragmatischste Antwort, also Essen und Trinken. Ich mag die direkte Art meiner Familie! Aber logisch, schon die katholische Heilige Teresa von Avila wusste: Tu Deinem Leib des Öfteren etwas Gutes, damit Deine Seele Lust hat, darin zu wohnen.

Angst, aber auch Geborgenheit kamen des Weiteren. Heimat, aber auch Fremde. Seelenruhe, aber auch Bürde. Liebe, Gemeinschaft, Zusammenhalt. Strenge, Schweigsamkeit, Buße. Die unterschiedlichsten Gedanken meiner Schwestern, Schwäger, der angeheirateten neuen Verwandten, meines Mannes kamen zusammen. Natürlich auch Missbrauch, Schuld, Sühne. Aber damit haben die Kirchen dieser Welt selbst genug tun.

Aus der Zeit gefallen – ist die Klosteridee in unserer industrialisierten Welt noch ein Ort der Ruhe und des Friedens? An vielen Klostergebäuden nagt der Zahn der Zeit, sie sind bereits verwittert oder umgewandelt in weltliche Immobilien. Mit Verzicht, Meditation und Hingabe vermögen die Menschen nicht mehr viel anzufangen; sind doch Egoismus, Kapitalismus und der Wunsch, alles immer haben zu wollen, und auch können – und zwar stante pede! – ein Dolchstoß für das Leben von Klosterfrauen und -männern. Und doch scheint mir eine Gegenbewegung erkennbar: es hat sich eine tiefe Sehnsucht in den Menschen erhalten, die gerade in der kalten

Hightech-Zeit, in der Ära der Ellenbogengesellschaft unüberhörbar von innen anklopft.

Ora et labora – die fast 1.500 Jahre alte Benediktsregel ist viel mehr und wieder topaktuell. Sie beschreibt nicht nur das Leben der Mönche, sie kann auch für Menschen außerhalb des Klosters hilfreich sein. Nicht wie vielleicht im Mittelalter, als einengendes Korsett, sondern ein Leitfaden für ein Leben in innerer Freiheit. Bücher über Kontemplation und Achtsamkeit boomen. Die Menschen hoffen trotz Navigation mit dem Smartphone durch den Social-Media-Dschungel auf die eine Liane, an der sie sich durch den Lebenswald hangeln können.

Was mittelalterliche Grundausstattung für Arme und Kranke war, quasi die ersten Sozialeinrichtungen, lädt heute zu stillen Tagen für ausgebrannte Manager und Politiker. Wo einst Einsamkeit und Stille war, ist heute Gemeinschaft und Gemeinsamkeit das Erleben. Wo Gallus, Magnus und Benediktus als Missionare wirkten, schöpfen fortschrittliche Menschen, wie im Mittelalter, wieder Kraft und sind im Einklang mit sich und der Natur. Spiritualität als Zeugnis eines modernen Lebens. Wer hätte das gedacht?

Kloster Beuron hat für mich persönlich immer schon einen besonderen Reiz – vielleicht, weil ich damals, als wirklich sehr junge Redakteurin, nicht »hinter« die Kulissen blicken durfte. Wie leben Menschen, die dem weltlichen Dasein entsagen? Die also versuchen, nur für *den einen* zu leben. Keine menschlichen Berührungen, die nicht nur kameradschaftlich sind. Jeden Morgen vor den Hühnern aufstehen, fünfmal am Tag beten. Die Leichtigkeit? des Seins aus einer anderen Perspektive zu erleben. Gebote, Gebete und Regularien den ganzen Tag. So jedenfalls meine Vorstellung. Ob's stimmt? Keine Ahnung, ich war ja bisher nicht »drinnen«.

Was damals nicht ging, kann ja aber noch werden. Die herzliche und überaus informative Reise von Notburg Geibel in das jahrhundertealte Kloster, seine Sammlungen, seine Geschichte und Geschichten lässt mich fast glauben, doch innerhalb der Mauern sein zu dürfen. Eine interessante Vorstellung – und beim Eintauchen in Notburg Geibels Niederschrift fast greifbar!

Ein Gedanke lässt mir allerdings keine Ruh. In Zeiten des Genderns und der Diversität stellt sich die Frage: Wo hat ein als Mann Geborener, aber als Frau Fühlende und als solche Lebende im Kloster eine Heimat? Es geht mir nicht um die Platitüde des »herrenlosen Damenfahrrads«, das wäre zu banal. Schaffen es Klöster wie Beuron, sich dieser Neuordnung der Gesellschaft zu stellen? Und wenn ja, wie? Interessante Fragen – macht doch die moderne Welt wahrscheinlich auch vor den Klostertoren nicht halt. Vor solchermaßen ungewöhnlichen Gedanken steht freilich das geschriebene Wort. Und das gibt schon sehr viel preis vom Leben im und auf einem heiligen Fleckchen inmitten der rasanten Hightech-Welt.

Sonja Faber-Schrecklein

Mensch und Natur im Einklang

Das Kloster

Im grünen Tal
Gekrönt von Felsaltären
Die aus den lichten Wäldern hoch sich türmen
Hineingebettet fern der Welt liegt die Abtei

Ein leichter Schleier
Legt sich in der Morgenfrühe
Als wollt er schützenswertes Gut beschirmen
Ganz sachte um die dicken Mauern in Tales Grund

Bis Glockenklang
Und warmes Licht aus hohen Fenstern
Die Zeichen eines neuen Tages setzt
Und voll Andacht sich erhebt der Mönche Chor

Von luft'ger Höhe
Schweift mein Blick hinunter
Und hält sich fest an diesem so besond'ren Ort
Wo Menschengeist die Heimstatt sich gebaut

Kraft tanken in einer Oase der Stille

Es gibt Orte, an denen der Mensch im Einklang ist mit der Natur als Teil der Schöpfung. Der Klosterort Beuron ist einer davon. In seiner Harmonie aus Fels und Wald, Fluss und Flur ist er ein Kraft-Ort. Ein Ruhepol und Impulsgeber zugleich, dessen außergewöhnliche Synthese aus Natur und Geist, Religion und Kunst, Geschichte und Gegenwart, Besucherströme magisch anzieht.

Das Thema »Spiritualität als Lebenshilfe« hat Konjunktur. Nicht allein die Unwägbarkeiten eines Lebens mit der Pandemie haben das Bedürfnis nach Halt und Richtung in den Vordergrund unseres Alltags gespült. Äußere Einschränkung und innere Unsicherheit sind ein lähmendes Doppel; ein brüchiges Gespann, das unser Vorwärts-Streben hemmt. Das lenkt den Blick der Allgemeinheit auf eine Lebensform, die sich – kirchlich geprägt und monastisch geregelt – seit Jahrhunderten als stille Oase in einer lauten Welt durchgesetzt hat. Die Benediktinermönche von Beuron bewohnen und bewirtschaften so einen Anziehungspunkt, der unser besonderes Augenmerk lohnt.

Die Benediktiner Erzabtei Beuron fasziniert unterschiedlichste Interessensgruppen: Kirchgänger wie Wallfahrer, Pilger wie Touristen. Ein weltbekanntes christliches Kulturgut als »Fels in der Brandung«. Die Metapher trifft das Profil eines wahrhaft gesegneten Platzes, seit ihn das Jura-Meer vor Millionen Jahren freigegeben hat. »Beuronien« nennt die Wissenschaft ein ganzes Zeitalter in der Mittelsteinzeit (ab 9600 bis 7000 v. Chr.). Und wie im Mesolithikum dereinst die prähistorischen Jäger und Sammler hat in unserem heutigen Zeitalter das religiöse und kulturelle Erbe der Beuroner Mönche Menschheitsgeschichte geschrieben.

Wandmalerei in der Apsis der Gnadenkapelle

Zum Niederknien. Die in sich ruhende Schönheit des Tales ist einzigartig. Schöpferische Stille. Und ein warmes Licht, das die Farben brennen lässt, als ob alles – die Bäume, die Felsen, der Fluss – von einem inneren Leuchten erfüllt sei. Im barocken Zwiebelturm der Abteikirche und den elegant geschwungenen Zwillingsgiebeln des Klosters findet das schöne Bild seine Mitte.

»Beuron tut jedem gut, der hier Halt macht.« Erzabt Tutilo ist dem Zauber dieser

Weg ins Liebfrauental

beeindruckenden Synthese aus Schönheit und Harmonie schon vom ersten Tag an erlegen, als er mit gerade mal 20 Lenzen sein Mönchsleben nach der Regel des heiligen Benedikt aufnahm. Wie bei den allermeisten seiner Mitbrüder auch war der »Beuroner Spirit« mit ausschlaggebend für die Wahl des künftigen Lebensweges. Nicht auszuschließen, dass er auch seinen Lieblingsplatz mit ihnen teilt. Neben der Klosterheimat selber und deren vielen Räumen, in denen die Mönchsgemeinschaft bei Gebet und Arbeit dem Elementarsten nachkommt, das ihre Lebensform so entscheidend trennt von den Gepflogenheiten der »normalen« Welt, ist das der Weg zur Mutter Gottes im Liebfrauental. »Mit jedem Schritt ein Gottesdienst im Grünen und gleichzeitig eine Frischzellenkur für die Seele.«

Schon über zehn Jahre trägt der Klosterobere von Beuron Abtswürden und damit Verantwortung. »Leider nicht die einfachste Phase in diesen mehr als 15 Dekaden unserer benediktinischen Klostergeschichte«. Der demografische Wandel, die zunehmende Überalterung und die nicht gerade klosterfreundlichen gesellschaftlichen Veränderungen haben »seinem« Kloster mächtig zugesetzt – der Konvent ist mächtig geschrumpft. Bedarf zum Aus- und Aufatmen in »Gottes schönem Garten« gibt es für ihn also mehr als genug. Doch das dürfte – allein an der wechselvollen und zeitweise auch dramatisch verlaufenen Ära der Benediktiner von Beuron generell gemessen – nicht ungewöhnlich sein in einem Mönchsleben. Zwischen Bronner und Jägerhaushöhle donauaufwärts und Peters-, Probst-, Prälaten-, Benedikts- und Bischofshöhle donauabwärts haben sich ganze Mönchsgenerationen immer wieder neue Wege erschlossen, die sie direkt hinführen zum ganz persönlichen Dialog mit ihrem Schöpfer.

Gedächtnis-Rondell beim Soldatenfriedhof

Felsengesichter, Donauwellen, Waldesrauschen ... In alle Himmelsrichtungen weisen die Klosterpfade. An Abwechslung fehlt es hier zweifellos nicht. So steht der Kreuzweg zur Lourdesgrotte im Liebfrauental, der uns beim Gehen auch quer durch strahlende und dunkle Zeiten der Klostergeschichte bringen soll, stellvertretend für all diese großartigen Optionen, denen die Mönche Zeichen gesetzt haben. Hinauf zur Alpenblick-Madonna, die Bruder Fidelis Failer, ein Protagonist der Beuroner Kunstschule, so liebe- wie kunstvoll in den Felsen gemeißelt hat? Oder doch lieber über die historische Holzbrücke zur »Bruder Klaus und Dorothea«-Statue, die der Konstanzer Münsterbauer Neitsch geschaffen hat. Und dann weiter hinauf noch zum Rondell des Gedenkens an die gefallenen

Soldaten des Ersten Weltkrieges, das die Künstlermönche ausgemalt haben? Oder in östlicher Richtung über den Wildpfad nach St. Maurus mit dem Anstieg zur Benediktshöhle, in der die erste Mönchsgeneration das benediktinische »Subiaco« nachempfunden hat? Im Rückmarsch dann über den Donausteg zum Petersfelsen, wo sich vor dem Steinrelief des »Guten-Hirten« der immer wieder atemberaubende Klosterblick von Süden her genießen lässt? Und auch die Rund-Tour über Hermannsteg und Sonnenhaus steil hinauf an der Plazidushütte vorbei zur »Haber-Villa« (heute »Maria Trost«)? Je nach Kondition stehen die Klosterpfade – einer so augenfällig angelegt wie der andere – zur Wahl. Die Söhne des heiligen Benedikt haben wahrlich emsig und eifrig Wege gebahnt für ihre Nachfolger.

Beuron »gehört« den Ausflüglern wie den Wallfahrern. »Nicht nur dem Betenden, der gezielt unsere Kirche aufsucht, begegnet auf Schritt und Tritt monastisches Leben und Wirken, sondern auch der absichtslose Tourist wandelt in unseren Fußstapfen.« Die Wanderstunde ins Liebfrauental mit dem Erzabt ist allerdings zeitlich viel zu begrenzt, um nur einen Bruchteil der bemerkenswerten Spuren der Mönche von Beuron erschöpfend »aufzuarbeiten«. Doch einen kleinen Einblick gewährt

Der markante Altbau des Bibliothek-Magazins

sie in das religiöse, geistig-kulturelle, wissenschaftliche und wirtschaftliche Leben einer Benediktiner-Abtei von europäischem Rang, die in der Neuzeit des Mönchtums ein herausragendes Kapitel geschrieben hat und deren Erbe ihr weltweites Ansehen sichert.

Klostergeschichte im Zeitraffer: Der unerschütterliche Mut der benediktinischen Gründerväter zur Wiederbesiedlung eines Augustiner-Chorherrenstiftes mit tausendjähriger Geschichte nach der Säkularisation mit der Folge zahlreicher Kloster-Neugründungen quer durch Europa ... Die bahnbrechende Sakralkunst der Beuroner Schule ... Die liturgische Erneuerung mit bis heute unbeirrten Akzent auf dem Gregorianischen Choral ... Die Verdienste in den biblischen Wissenschaften im Palimpsest- und Vetus-Latina-Institut ... Der mit über 400.000 Exemplaren immense bibliophile Schatz einer der größten Klosterbibliotheken Europas ... Der Erzabt beschränkt sich bei seiner Auflistung auf die wichtigsten Beispiele für die Strahlkraft des Mutterklosters der Beuroner Kongregation. Kein Zweifel, dieses verpflichtende Erbe ist mit hohen Anforderungen an die heutige Mönchsgeneration verbunden.

Immer vordringlicher deshalb für den Kloster-Oberen der Auftrag zur Bestandssicherung. Klartext für den jeweils Verantwortlichen: »Zu allererst dafür Sorge zu tragen, dass die Mitbrüder in einem sich ständig verändernden Umfeld ihrer Berufung weiterhin so nachgehen können, wie sie sich dies bei ihrem Eintritt vorgenommen haben.« Das klingt nach Sisyphos. »Gelegentlich schon.« Doch »beim Versuch, jeden Tag neu geprägt vom Gebet in Gottes Gegenwart zu leben«, erwachse ihm und seinen Mitbrüdern immer wieder neue Kraft. »Da hilft die spürbare Anerkennung in der Bevölkerung für die kulturell bedeutende Rolle des Klosters in der Region ebenso wie der offensichtliche Bedarf an seelsorgerischer Begleitung, dem wir Mönche von Beuron verlässlich nachkommen.«

Ora et labora – Bete und arbeite. In den Räumen des klösterlichen Gastflügels bei Seminaren, Exerzitien und an Besinnungstagen, in der Abteikirche, in den Klostergärten, auf der Streuobstwiese ... Lesen, Schauen und Hören immer inbegriffen. Von den Konzerten in der Abteikirche bis zu Kunstausstellungen in der Pforten-Galerie ist »Beuroner Klosterkultur« landesweit und -breit ein Begriff. Ob Chorsänger, Musiker oder Ausstellungsaufsicht, ob aktiver oder passiver Genießer anspruchsvoller Veranstaltungen – vom Bodensee bis in den Schwarzwald, von der Alb bis ins Allgäu weiß man ihr hohes Niveau zu schätzen. Dem Gebot benediktinischer Gastfreundschaft folgend, lassen die Mönche mit Freude die zivile Welt teilha-

Konzert in der Beuroner Abteikirche

ben. 30.000 Besucher jährlich sind es etwa – davon nahezu ein Drittel Einzelgäste – die das Angebot wahrnehmen. Und das Interesse an meditativer, kontemplativer und theologischer Begleitung steigt. Beuron war, ist und bleibt die gern und oft aufgesuchte geistliche Heimat für viele. Geliebt. Gebraucht. Geschätzt.

Warum der Erzabt unsere Klostervisite an seinen Lieblingsplatz gelenkt hat? Der kleine Ausflug zur Mutter Gottes im Liebfrauental hat viele Antworten darauf gegeben. Doch besonders nachhaltig war die Erfahrung, was unter dem Begriff »Kraftort« eigentlich zu verstehen ist. Geborgensein? Daheimsein? Angekommensein? Schlagworte allein entschlüsseln das Mysterium nicht. »Ein Ort, an dem man sich dem näher fühlt, was man sucht, was man hofft, was man glaubt«, folgert der Laie. »Ein Ort, wo der Himmel sich für uns Menschen öffnet«, weiß der Mönch.

Lourdes-Grotte im Liebfrauental

Ora et labora 2020: Beten – beraten – begleiten. Im Gespräch mit Erzabt Tutilo Burger

Erzabt Tutilo Burger

Erzabt Tutilo Burger steht dem Beuroner Benediktinerkonvent seit November 2011 als elfter Erzabt vor. Im größten Männerkloster in Baden-Württemberg und der Erzdiözese Freiburg – einer Ordensgemeinschaft, deren Mitglieder in der Mehrzahl die Sechzig schon überschritten haben – gehört er zu den Jungen. Getragen vom Vertrauen seiner Mitbrüder, schulterte der damals 45-jährige die Verantwortung für den Fortbestand einer insgesamt tausendjährigen Kloster-Tradition. Ein schönes, wenn auch nicht immer leichtes Erbe. Da liegen Fragen nahe.

Wie geht man als Klosterchef von heute mit dem Vermächtnis von gestern und der Erwartung auf morgen um?

Das Erbe der Augustiner Chorherren haben wir Beuroner Benediktiner ganz konkret 1863 mit dem Immobilienbestand der Klosteranlage, den Kunstwerken und wertvollen sakralen Gegenständen und vor allem dem Wallfahrtsbild der Beuroner Schmerzensmutter übernommen. Dieses Erbe verlangt von uns die Mühe der Pflege und des Erhalts, stellt uns aber auch einen privilegierten Lebensraum zur Verfügung und lässt uns teilhaben an der langen Tradition geistlichen Lebens. Beuron ist schon von Natur aus ein geistlicher Ort. Das hat dazu beigetragen, dass die Männer, die sich unserer benediktinischen Gemeinschaft angeschlossen haben, als »Beuroner« ihre besonderen Fähigkeiten so beispielhaft entwickeln konnten und als Künstler, Wissenschaftler und Handwerker das »Opus Dei« zu einem so beachtlichen »Werk für Gott« führten.

Sind Ordensgemeinschaften, wie sie die Beuroner Benediktiner heute noch überzeugend repräsentieren, auch in Zukunft noch lebensfähig?

Ob Ordensgemeinschaften auch in Zukunft noch weiter leben werden, hängt von mehreren Faktoren ab. Die Geschichte – auch und gerade die unseres Klosters – zeigt anschaulich, dass es besonders begabter Persönlichkeiten bedurfte, damit eine solche Gemeinschaft derart aufblühen kann. Dass sie über Jahrhunderte hindurch besteht, verdankt sie aber zweifellos auch jenen Kräften, die mit langem Atem Entscheidungen durchtragen und ganz unspektakulär das Überleben des klösterlichen Alltags über die Zeit garantieren.

Bei abnehmender Zahl der Mönche besteht aber doch sicher auch Bedarf zu Wandel und Anpassung, um der Aufgabe weiterhin gerecht zu werden?

Ich sehe es als eine Art Pflicht der Klöster, in einer säkularisierten Gesellschaft einen religiösen Lebensentwurf sichtbar zu machen. Es wird immer Menschen geben, die nach Gott fragen. Der Ansatz für dieses aktive Miteinander von Kloster- und Zivilgesellschaft in der Region besteht darin, unsere praktischen Aufgaben immer wieder neu zu gewichten und zu verteilen, damit wir wieder freier dafür werden, aus einem vertieften geistli-

Benediktion von Erzabt Tutilo am 12.November 2011

chen Leben heraus die Anliegen der Menschen persönlich aufzunehmen, um sie betend – bei Bedarf auch beratend – zu begleiten. Gemeinsam versuchen wir auf diese Weise, davon Zeugnis zu geben, dass ein Leben in primärer Ausrichtung auf Gott erfüllend und schön sein kann.

Wo setzen Sie konkrete Prioritäten?

Neben dem Besuch der Kirche und unserer Gottesdienste kann jeder Interessierte nach wie vor in näheren Kontakt mit uns und unserem Leben treten. Bei einem Aufenthalt in unserem Gästehaus, beim Belegen unserer Kurse und der Vortragsangebote, wo wir im Rahmen unserer Kräfte religiöse Impulse anbieten. Und natürlich auch im Rahmen der direkten seelsorgerischen Betreuung wie Beichtdienst oder persönlichem Gespräch.

Was tut die Allgemeinheit, in deren Dienst Sie sich stellen, im Gegenzug für »Ihr Kloster«?

Unser Kloster hat als spirituelles Zentrum wie auch als Kulturgut öffentliche Bedeutung. Sein Stellenwert in der Bevölkerung weit über den süddeutschen Raum hinaus ist bemerkenswert und an der Besucherfrequenz ist auch abzulesen, dass die traditionell über Generationen gewachsene Verbundenheit nichts an Intensität verloren hat. Ich sehe die Allgemeinheit allerdings auch in einer gewissen Mitverantwortung, wenn unsere eigenen Kräfte nicht ausreichen, um allen Anforderungen gerecht zu werden.

Hoffnung? Erwartung? Gibt es bereits gute Beispiele im Sinne eines solchen Engagements?

Wer Beuron für sich entdeckt hat, möchte auch, dass es in Zukunft Bestand hat. Ich durfte die Erfahrung machen, dass unser Kloster für viele Menschen zu einem Bezugspunkt im Leben geworden ist, unabhängig von Geschlecht, Religion oder weltpolitischer Einstellung. Auch der institutionelle Widerhall ist ermutigend. Das Land, die Erzdiözese und der »Verein der Freunde« sind immer wieder bereit, Anliegen von uns aufzugreifen und deren Umsetzung zu erleichtern. Und auch viele private Unterstützer beweisen die Verwurzelung »ihres« Klosters in dieser Region. Wer für Kloster Beuron Verantwortung übernimmt, beweist damit, dass wir Mönche in sein Eigeninteresse einbezogen sind. Dafür können wir nur dankbar sein.

Geschichten und Geschichte

Edith Stein – Am Kreuzweg einer Heiligen

Edith-Stein-Gedenktafel im Vorhof der Abteikirche

Wie oft mag die junge Frau den Weg über die jahrhundertealten Planken der Donau-Holzbrücke hinauf zum Klosterhügel geeilt sein zu innerer Einkehr, gerufen von den Beuroner Glocken? Wie oft den Kreuzweg entlang geschritten und sich erfreut haben an der Aussicht auf halber Höhe herunter auf das Kloster, das ihr zur »Seelenheimat« geworden war? Um danach in der Kirchenbank der Gnadenkapelle den paradiesischen Goldgrund der Apsis in seiner Symbolik zu bewundern und im Zwiegespräch mit dem Schmerzensmann am Kreuz nach der Wahrheit zu suchen.

Über sieben Jahre ihres Lebens hinweg hat die Philosophin Edith Stein (1891 – 1942) im Giebelhäuschen direkt neben der Donau-Brücke immer wieder ihre Ferientage verbracht. Geistlich geführt von Erzabt Raphael Walzer, einer der herausragenden Persönlichkeiten der katholischen Kirche in Deutschland –, der den Klosterort Beuron vor hundert Jahren zur geistigen Blüte brachte und dem die benediktinische Welt zahlreiche Klosterneugründungen verdankt. Sie hatte hier den Ort gefunden, den sie »Vorhof des Himmels« nennt: »Das stille Tal des Friedens, wo unbekümmert um alles, was draußen auf der Welt geschieht, Tag für Tag und Jahr für Jahr das Lob des Herrn gesungen wird – von der Morgenwache bis zur Nacht«.

»Raum schaffen für Gott.« In dieser übereinstimmenden Lebensmaxime hatten sich der wirkungsmächtige Benediktinerabt aus Ravensburg und die wahrheitssuchende Intellektuelle aus Breslau – von Erzabt Raphael selbst als »eine der größten Frauen unserer Zeit« bezeichnet – als gleichgesinnt erkannt. Heute gehört die Geisteswissenschaftlerin und katholische Frauenrechtlerin in den Kreis der Beuroner Kloster-Heiligen. Eine von der Künstlerin Editha Pröbstle aus Scheer gestaltete Gedenktafel auf dem Kirchenvorplatz und eine Statue im Gastflügel erinnern augenfällig an das ungewöhnliche Schicksal einer katholischen Märtyrerin jüdischer Abstammung, die zum Christentum fand, in den Kölner Karmel eintrat, in der Todeskammer der Nazi-Schergen ihr Leben beenden musste und 1998 von Papst Johannes Paul II. als heilige Theresia Benedicta vom Kreuz zur Ehre der Altäre erhoben wurde.

Heldenepos und Schicksalsdrama

Mausoleum der Familie von Haber

Unter den »magischen Plätzen«, mit denen Kloster Beuron so reich gesegnet ist, kommt diesem kleinen Mausoleum an der Nordflanke des Kirchenvorplatzes eine eigene Rolle zu. »Einer kam durch« – die Älteren von uns erinnern sich noch an einen der spannendsten Kinofilme aus den fünfziger Jahren. Publikumsliebling Hardy Krüger imponierte als tollkühner Luftwaffenoffizier von Werra. Die dem Erfolgsfilm zugrundeliegende Lebensgeschichte der Geschwister Franz und Emma eröffnet allerdings noch ganz andere Dimensionen als die heldenhafte Abenteuerlust eines adligen Piloten im Zweiten Weltkrieg. Sie führt tief hinein in kaum vorstellbare menschliche Verstrickungen. Und ist mit dem Klosterort Beuron eng verflochten.

Verborgen in einer Adelsgruft. Hinter beuronisch geschmückten Rundmauern ruht eine vielfach verzweigte deutsch-schweizerische Familiensaga aus Irrungen und Wirrungen. Heute als Leichenhalle für die zivilen Bürger von Beuron genutzt, erinnert das »Haber-Rondell« an ein Kapitel europäischer Geschichte, dessen dunkle Seiten im vergangenen Jahrhundert menschliche Schicksale vom Ausmaß griechischer Tragödien bestimmten. Ein Wunder, wenn sie sich auf einen Ort fokussieren, wo Mönche mit offenem Ohr und Herzen bereit sind, verstörte und verwundete Seelen wieder aufzurichten? Dennoch ist es eine Überraschung, in der Klosterbibliothek neben den Erzählungen der Louisa von Haber auf ein Buch zu stoßen, in dem Wilfried Meichtry, ein Lehrer aus dem Wallis, den so ungewöhnlichen Lebenswegen der Adelsfamilien von Haber und von Werra nachspürt, die in Beuron zusammenlaufen.

Da ist Franz von Werra, der furchtlose Flieger, dem das schier Unmögliche gelang, gleich mehrmals aus englischer Kriegsgefangenschaft zu entkommen. Gemeinsam mit seiner Schwester, der dreijährigen Emma, war er als Kleinkind aus der angesehenen Schweizer Adelsfamilie von Werra heraus von der Familie Luisa und Oswald Carl von Haber adoptiert worden. Vermittelt hatte »den Verkauf der Kinder«, wie Schweizer Auguren die aus der Mittellosigkeit eines verarmten Adeligen resultierende »Aktion« nannten, die Schwester von Pater Gregor Molitor, einem der verdienstvollsten Kirchenmusiker und Organisten des Klosters, der gemeinsam mit seinem Schwager, Musikdirektor Ernest von Werra aus Konstanz, die Beuroner Choralschule (1907 – 1913) gegründet hatte.

Als Franz und Emma Carl von Haber verbrachten beide Kinder zehn prägende Jahre ihres Lebens in Beuron, bis die zwischenzeitlich verarmten deutschen Eltern sich gezwungen sahen, die Villa 1925 an die Vinzentinerinnen zu verkaufen. Das enge Band zum Klosterort blieb aber auch weiterhin – in jeweils ganz unterschiedlicher Intensität – bestehen.

Hochdekoriert wegen seines fliegerischen Könnens kam Franz von Werra im 28. Lebensjahr bei einem Einsatz über dem Ärmelkanal im Sommer 1941 zu Tode. Wenige Wochen zuvor noch hatte er im Beisein von Mutter und Schwester in der Klosterkirche Beuron seine Hochzeit gefeiert. Luisa von Haber, die ihren klösterlichen Beratern und Begleitern in der »Heimat meines Herzens« lebenslang die Treue hielt, wurde sieben Jahre später wunschgemäß im Mausoleum der Familie von Haber zu Beuron zur letzten Ruhe gebettet. Emma von Werra, an deren Schicksal sich die Familien-Tragik am deutlichsten abgezeichnet hatte, starb 1992 in ihrer Schweizer Heimat.

Bund fürs Leben: »Und 's Kindle hent ihr gleich dabei«

Den Bund fürs Leben in der Abteikirche St. Martin schließen? In einem Herrgottswinkel, der wie geschaffen ist für die besonderen Augenblicke im Leben, ist das seit jeher guter Brauch. Kloster Beuron gehört – vor allem in den alemannisch verwurzelten Teilen der Region um die Obere Donau – quasi zur Fami-

Kurt Georg Kiesinger, Ministerpräsident des Landes Baden-Württemberg und deutscher Bundeskanzler (1904 – 1988) ließ bei seinen häufigen Besuchen in der Heimatstadt Ebingen immer wieder gerne seine glücklichen Kindheitstage aufleben

lie. Für die »Großkopfeten« wie für die »kleinen Leute«.

Denn die einen wie die anderen haben auf dem Dach der Alb schon wegen der geologischen wie klimatischen Bedingungen das »Gipfelstürmen« von Kindesbeinen an gelernt. Das Leitbild eines an religiösen Werten orientierten Alltags – in ganzen Genealogien eingelagert unbenommen von Konfession und Position – hat sie dabei gestützt.

Zuweilen auch schon ein Beichtvater von Beuron. Wallfahrten zur »Schmerzensreichen Mutter« im Kloster in den katholischen Dörfern rund um die junge Donau gehörten wie Taufen oder Hochzeiten zur vertrauten Gewohnheit. Der ehemalige Bundeskanzler Kurt Georg Kiesinger hinterlässt uns dazu in seinem Büchlein »Schwäbische Kindheit« eine liebevolle Erinnerung. Seine Mutter Dominika Grimm, aus streng katholischem Elternhaus in Bubsheim stammend, war ein halbes Jahr nach seiner Geburt mit 26 Jahren an einer zu spät erkannten Blinddarm-Entzündung gestorben. Sein Vater – selbst evangelisch und in einer an pietistischen Werten orientierten Familie aufgewachsen – heiratete ein halbes Jahr später wieder eine Katholikin aus Ebingen. »Einem frommen Brauch der Landschaft folgend«, beschloss das junge Paar, die Hochzeit in Beuron zu feiern. Mit der Kutsche fuhr man auf den Heuberg, holte das kleine Waisenkind bei den Großeltern ab und kehrte im Gasthaus ein, um sich danach in der Klosterkirche trauen zu lassen. »Und 's Kindle hent Ihr glei dabei«, kommentierte die Sonnenwirtin trocken. Kurt Georg Kiesinger zitierte gerne immer wieder in heimatlich-gemütlicher Runde in humorvoller Rückschau auf seine frühe Kindheit, dass der Irrtum schnell aufgeklärt wurde und ihm, während die feierliche Handlung in der Klosterkirche stattfand, die gerührte und liebreiche Pflege der »Sonne« zuteilwurde. »Ich bin dem Kloster lebenslang verbunden geblieben.«

Kann es uns verwundern, wenn auch der große Philosoph Martin Heidegger aus Meßkirch – in der Intensität früher Glaubenserfahrung zumindest in vergleichbare Lebensumstände hineingeboren wie der Landesvater und Bundeskanzler – seine in Kinder- und Jugendtagen gewachsene lebenslange Beziehung zu Kloster Beuron ähnlich innig beschreibt?

Das Martyrium des Missionsbenediktiners P. Gregor Sorger

Pater Gregor Sorger gehört zum Kreis der Märtyrer von Tokwon, deren Seligsprechungsprozess in Rom eingeleitet worden ist. Wie seine weiteren 37 Schicksalsgefährten hatte der Beuroner Benediktinermönch in kommunistischer Gefangenschaft unmenschliche Haftbedingungen bis zum Tod durchlitten. Die benediktinischen Korea-Missionare zählen nun zu den Auserwählten, die nach Abschluss eines langwierigen kirchenrechtlichen Verfahrens vom Papst zu Seligen erklärt und öffentlich verehrt werden dürfen.

Der Beuroner Mönch war den menschenverachtenden

Bedingungen in einem koreanischen Straflager in seinem 45. Lebensjahr zum Opfer gefallen. Am 19. November 1906 in Spaichingen geboren als Sohn des Oberamtsarztes und Medizinalrates Ludwig Sorger und seiner Frau Paula, geb. Haller, und mit zwei Geschwistern in Riedlingen aufgewachsen, trat Ludwig nach

MdL Guido Wolf, Tuttlingen, bezeugt im Gedenken an den 70. Todestag von P. Gregor Sorger seine Verbundenheit mit den Beuroner Mönchen

Schule, Abitur und Studium 1927 in die Mönchsgemeinschaft der Benediktiner-Erzabtei Beuron ein, absolvierte das Philosophie-Studium in Maria-Laach und das der Theologie in Beuron und empfing im August 1934 die Priesterweihe. Im Jahre 1937 wurde Pater Gregor nach Japan in die Beuroner Neugründung Tonogaoka südwestlich von Tokyo entsandt.

Nach Aufhebung dieses Priorates war der Missionsbenediktiner 1940 in die Abtei Tokwon gewechselt und unterrichtete am dortigen Seminar Englisch, Deutsch und Musik. Außerdem war er Sekretär von Abt-Bischof Bonifatius Sauer und – wie zuvor auch schon in Beuron – Organist in der Abteikirche. Im Mai 1945 beschlagnahmte das japanische Militär das Seminar und quartierte dort seine Soldaten ein und bereits ein Jahr später wurde die Abtei von den Kommunisten überfallen. Sämtliche Mönche wurden verhaftet, verhört und ins Ge-

Das Gnadenbild der »Schmerzhaften Mutter Gottes« zieht seit Jahrhunderten Wallfahrer ins Kloster Beuron

fängnis verbracht, bald darauf in ein Straflager verschleppt. Grauen und Gewalt, Hunger und Kälte fordern ihren Tribut. Die allermeisten von ihnen überleben nicht. Pater Gregor Sorger stirbt am 15. November 1950 in Manpo den Tod durch Hunger und Erfrieren.

Missionarische Berufung und unbeirrte Glaubenstreue eines Beuroner Mönches, der sein Kreuz in der Nachfolge Jesu angenommen und bis zum bitteren Ende mit Mut und Würde getragen hat, lassen keinen unberührt. Gedenktafel und Fürbitt-Bücher in der Vorhalle der Abteikirche laden zur stillen Begegnung.

An der Wiege der Beuroner Kunst

St. Maurus im Felde

Umkreist vom trägen Wasserlauf
Der traumverloren sein Geheimnis birgt
Hat hier die Zeit den Ankerplatz gefunden

Der Waldkapelle hochgestrecktes Säulendach
Gewährt dem Wunder stille Heimat
Das Glöcklein lädt den Wanderer zur Ruh

ER weilt hier gern. Und hebt dabei ganz leicht
In Sonnenglut zur Mittagsstund'
Den Schleier über heiligem Geschehen

Kehr ein. Nimm teil an SEINER Gegenwart

Ⓝ

Eine Fürstin schreibt Klostergeschichte

Landhaus St. Maurus

St. Maurus im Felde ist ein Ort der Kontraste und zugleich eine Oase der Harmonie. Wir begegnen dem Opus magnum eines rastlosen Bildhauers auf der Suche nach neuen Formen christlicher Kunst und einer großzügigen Fürstin, die einem Gift-Anschlag unseliger römischer Klosterfrauen nur knapp entkommen ist. Wir bewundern die Schweizer-Landhaus-Idylle im burgengekrönten grünen Abseits und bestaunen eine Kapelle, deren Tuffstein-Mauern – pfeilergestützt und von hehren Engeln bewacht – eher an ein antikes Tempelchen erinnern denn an ein christliches Sakralbauwerk. Und wir halten es kaum für möglich, keine hundert Meter entfernt davon am Flussbogen mit dem High-Tech-Betonquader eines Wasserkraftwerkes eine der ersten Anlagen regenerativ genutzter Energie im Ländle – inzwischen zeitgemäß runderneuert – zu entdecken: Hundert Jahre und kein bisschen müde sorgt die junge Donau von hier aus für Klosterstrom.

Im Donau-Talgrund unterm Käpfle spielte sich ein Kapitel beuronisch-benediktinischer Geschichte ab, das alle Komponenten einer spannenden, ganz und gar außergewöhnlichen Kloster-Saga in sich trägt. Auf St. Maurus verknüpft sie sich untrennbar mit den Annalen des Fürstenhauses der Hohenzollern. Beeindruckt mit ihren vielfach verflochtenen Strängen im Netz des europäischen Hochadels. Wenn das kein idealer Platz ist, um mit einer hohenzollerischen Hoheit ein bedeutungsvolles Blatt in der Chronik des Fürstenhauses aufzuschlagen? Passt! Im Vor-Ort-Streifzug durch die Geschichte sieht auch der Schlossherr und größte Wirtschaftsboss des Landkreises Sigmaringen eine gute Gelegenheit, die tiefe Verbundenheit der Fürstenfamilie zur Benediktiner-Erzabtei aus ganz persönlicher Warte zum Ausdruck zu bringen. Und nicht einmal der rege Verkehr auf dem Donau-Radweg vermag die kontemplative Atempause zu stören. Schließlich pflegen Fürst Karl Friedrich und seine Frau Katharina gelegentlich selber zu einer Radtour an »einen der schönsten Flecken unserer Heimat« aufzubrechen.

Sigmaringen – Inzigkofen – St. Maurus – Beuron, den Fürstensitz und die Erzabtei trennen bzw. verbinden 30 Kilometer Radweg, 28 Flusskilometer und die Lebensgeschichte von fünf Generationen. Was für eine spannende Zeitreise die Donauwellen in rund 200 Jahren begleitet haben, wurde dem heutigen Oberhaupt der Fürstenfamilie von Kindertagen an von seinem Vater in aller Eindringlichkeit geschildert. »Für mich war er ein wandelndes Geschichtsbuch. Ein großartiger Geschichtenerzähler darüber hinaus, der es verstanden hat, mit Geist und Witz die Zusammenhänge unserer Familienwurzeln sichtbar zu

Begegnung mit der Familiengeschichte: Karl Friedrich Fürst von Hohenzollern vor dem Portrait der Fürstin Katharina

machen.« Auf sein manchmal ungeduldiges »Geht das nicht kürzer« habe Fürst Friedrich Wilhelm immer ein kategorisches »Das müsst Ihr einfach wissen« gesetzt. An den Erstgeborenen in einer Fürstenfamilie werden von Kindesbeinen an höhere Erwartungen und Anforderungen gestellt als an dessen Geschwister. Menschliche Facetten wie politisches Gewicht einiger der individuellen Schicksale seiner Ahnen zogen den Erbprinzen von Kindesbeinen an in ihren Bann: Das bewegte Leben seiner Urururur-Großmutter Amalie Zephyrine zum Beispiel, die durch ihre Freundschaft mit Kaiser Napoleons Gattin Josephine dem Haus Hohenzollern dereinst die Souveränität sicherte. Oder das weitreichende politische Wirken seines Vorbildes Fürst Karl Anton, der als preußischer Ministerpräsident und kunstfördernder Landesherr mit einem schriftlich abgefassten Leitbild dem Fürstenhaus die bindenden ethischen, auf dem strengen katholischen Glauben beruhenden Prinzipien vorgegeben hat. Aber auch die staatstragenden Rollen von europäischer Dimension durch König Carol I. und König Ferdinand von Rumänien sowie Fürst Leopold, der die spanische Königswürde ausschlug, ebenso wie die enge verwandtschaftliche Verzahnung der Königs- und Fürstenhäuser Europas durch die Töchter des Hauses Hohenzollern.

Ein Leben, geprägt von europäischer Geschichte. Gefühle von Stolz und Ehrfurcht. Begegnungen mit Vorfahren, die majestätisch von Ölgemälden herabblicken. Darunter auch Katharina, Prinzessin von Hohenlohe-Waldenburg-Schillingsfürst (1817 – 1893), die zweite Frau von Prinz Karl, die das von ihrem Stiefsohn Karl-Anton (1811 – 1853) erhaltene Erbe in den Kauf der Liegenschaften des Augustiner-Chorherrenstiftes Beuron einbrachte. Mit diesem hochherzigen Geschenk an die Gründeräbte Maurus und Placidus Wolter und dem dadurch ermöglichten »Start der Erzabtei« unter benediktinischem Szepter war die untrennbare Verknüpfung von Mönchsgemeinschaft und Fürstenhaus zu einer Herzensangelegenheit hohenzollerischer Geschichte geworden. In direkter Verantwortung für das Schicksal der Mönche von Beuron pflegte das Fürstenhaus von da an eine enge – auch zwischenmenschlich verankerte – Freundschaft.

»Nihil sine Deo – Nichts ohne Gott.« Tagwerk und Feste nach dem Wahlspruch des Fürstenhauses – untermauert von der Verehrung des Hausheiligen St. Meinrad und des Sigmaringer Stadtheiligen St. Fidelis – auszurichten, ist für die Nachfahren bis auf den heutigen Tag Verpflichtung. Wenn er über »das Glück, in eine solche Familie hineingeboren zu sein« spricht, nehmen die Begegnungen der Kindheitstage im Kloster Beuron einen besonderen Rang ein: »Sie sind und bleiben unvergesslich. Allein die Ostertage: Fürst Friedrich verbrachte

»Landes- und Kirchen-Fürsten« beim 150. Jubiläum von St. Maurus: Der Erzabt und Vereinsvorsitzender MdB Bareiß freuen sich über Spitzen-Präsenz an historischem Ort. Beim festlichen Hochamt mit Erzbischof Stefan Burger waren auch der Ministerpräsident mit seiner Frau Gerlinde Kretschmann, die zu den Kuratoriumsmitgliedern der Klosterfreunde zählt, Gast der Mönche und ihrer Freunde.

von Gründonnerstag an bis zur Osternacht drei Tage mit den Mönchen im Kloster und auch für uns Kinder war die Osternacht in Beuron ein aufregendes, wenn auch anstrengendes Erlebnis.« Die so disziplinierte und prächtig inszenierte Liturgie bei den Messen bleibt für ihn immer noch beeindruckend. Den vertrauten Traditionen der Kindheit mit regelmäßigen Gottesdienstbesuchen und Wanderungen mit den Eltern folgten eigene Familien-Rituale: Die Trauung mit seiner ersten Ehefrau Alexandra in der Abteikirche zu Beuron durch Erzabt Hieronymus, die freundschaftlichen Kontakte zum Benediktiner-Abtprimas Notker Wolf, die Übernahme des Kloster-Protektorates in der Nachfolge seines Vaters. Und durch das intensive Interesse seiner zweiten Frau, Fürstin Katharina, hat diese traditionelle Bindung noch zusätzlich eine erfrischende Belebung erfahren.

Dass das Fürstenpaar – inzwischen Inhaber des Helikopter-Flugscheins – mit seinen Gästen bevorzugt durch und über den »hohenzollerischen Grand Canyon« schwebt und dabei schon mal in den spannenden Geschichten der »starken Hohenzollern-Frauen« schwelgt? Verwundern kann das nicht. Allein die Namensgleichheit der beiden »zweiten Frauen eines Hohenzollernfürsten« legt im nach wie vor streng katholischen Haus Hohenzollern den Begriff »Fügung« durchaus nahe. So gehört – wie der Fürstenpark Inzigkofen mit Eremitage und Felsen-Monogramm für Amalie Zephyrine im Inzigkofer Donaubogen – auch St. Maurus, die von Fürstin Katharina gestiftete Kapelle mit ihrer einzigartigen Sakralkunst, zu den bevorzugten Ausflugszielen des Fürstenpaares. Von Haus aus eher dem Kirchen-Barock zugeneigt, zitiert Fürst Karl Friedrich dann gerne seinen Onkel Prinz Johann Georg, der ihm schon früh den Blick und das Verständnis für die eigenwillige Ästhetik dieser künstlerischen Rarität im ländlichen Abseits geöffnet habe. Die Sonderstellung der Beuroner Kunst allgemein, des »Donau-Tempelchens« ganz speziell habe der Kunsthistoriker und langjährige Direktor der Münchener Alten Pinakothek in seinen Erläuterungen immer ausführlich gewürdigt. Ebenso natürlich dessen höchst ungewöhnliche Entstehungsgeschichte. Verdankt St. Maurus sein Entstehen doch der außergewöhnlichen Lebensgeschichte einer hohenzollerischen Ahnfrau.

Fürstin Katharina (1817 – 1893) war nach dem Tode ihres Gemahls in ein Kloster in Rom eingetreten, dort aber nach mehrfachem Giftanschlag einer Mitschwester schwer erkrankt und dank des Einsatzes ihres Cousins, des Bischofs Gustav Adolf zu Hohenlohe-Schillingsfürst gerettet worden. Während sich die Fürstin bei ihrem Cousins in der Villa d'Este von diesen Strapazen erholte wurde sie mit den zwei deutschen Benediktiner von St. Paul, den Patres Maurus und Placidus Wolter, bekanntgemacht. Diese Begegnung stand am Anfang des späteren Wiederbesiedlung Beurons durch die Mönche des heiligen Benedikt.

Betroffen vom eigenen traumatischen Erleben, dem einige Jahre später die Erholung ihres von einer tödlichen Infektionskrankheit heimgesuchten Abtes von Solesmes, Dom Prosper Gueranger, folgte, hatte sie den Bau einer Kapelle zu Ehren des heiligen Maurus gelobt. Mit ihrem Erbe als zweiter Ehefrau von Fürst Karl (1785 – 1853) sah sie sich nunmehr als Stifterin des nach der Säkularisation 1863 von Benediktinermönchen wiederbesiedelten vormaligen Klosters der Augustiner Chorherren in Beuron im Stande, ihr Gelöbnis zu erfüllen.

Der aus Haigerloch stammende Bildhauer und Architekt Peter Lenz, der um die Zeitenwende des 19. zum 20. Jahrhundert als Begründer der »Beuroner Schule« Kunstgeschichte schrieb, hatte die Zustimmung zum Bau einer »Stätte des Gebetes und der Einkehr« ohne Zögern und mit Begeisterung erteilt: »Das ist der Platz, an dem mein Anspruch an zeitüberdauernde sakrale Kunst verwirklicht werden kann«, schrieb er an seine hochwohlgeborene Gönnerin. Und machte sich mit seinem Malerfreund Jakob Wüger und dessen Gehilfen Fridolin Steiner ans Werk. Die Kapelle wurde am 5. September 1871 vom Freiburger Bistumsverweser, Weihbischof Lothar von Kübel, geweiht. Der kühne Traum, mit seinem von altägyptischen Darstellungsprinzipien beeinflussten Formen-Kanon die christliche Kunst von Grund auf zu erneuern, hat sich allerdings nicht erfüllt. Die Mauruskapelle blieb das erste größere Werk der Beuroner Kunstschule und zugleich bereits ihr Höhepunkt.

Geschichte – Glaube – Gemeinschaft. In diesen drei Eckpunkten mündet eine fürstliche Lehrstunde. Der Hohenzollernchef fasst Nähe und Wertschätzung seines Hauses für Werk und Wirken der Mönche von Beuron abschließend zusammen: »Kloster Beuron ist Teil unserer Geschichte.« »Kloster Beuron ist Hort unseres Glaubens.« »Kloster Beuron ist Herz unserer Landschaft.«

Die schöpferischen Söhne des heiligen Benedikt

Kapelle St. Maurus im Felde

Schöpfungsgeschichte hautnah. Zwischen Felsaltären und Flussauen lässt uns das »Tal der Mönche« erahnen, was die abstrakte Formulierung bedeutet. In einem einzigartigen Naturparadies dem Zauber vom Werden, Wachsen und Vergehen nachzuspüren und dabei einen eigenwilligen Kunstraum zu entdecken, dem schöpferisch begabte Menschen ihren Gestaltungswillen einprägten, gehört zum Erlebnisraum Kloster Beuron. Die großartige Landschafts- und Naturkulisse – von der Donau dereinst mit Urgewalt ins formbare Kalkgestein gegraben und vom Reichtum einer Pflanzen- und Tierwelt gesegnet – spricht für sich und stillt das menschliche Bedürfnis nach Schönheit und Harmonie. Nicht ganz so einfach verhält es sich mit der Kunst. Tonkunst und Malkunst, Baukunst und Handwerkskunst mit Beuron-Siegel bedürfen neben ihrer unmittelbaren Ausstrahlungskraft einer intensiven geistigen Auseinandersetzung.

St. Maurus ist dafür ein Parade-Beispiel. Das erste und ganzheitlich geschlossene Werk der Beuroner Kunst mag zunächst einmal das sinnenfrohe, barockfreudige Auge irritieren. Doch gerade dieser Kontrapunkt zur überquellenden Natur rundum fordert zum Nachdenken heraus. Allein die erhabene Strenge und Zurückhaltung, mit der »Beuroner Engel« auf der Außen-Fassade uns begrüßen, weist auf die Erhabenheit göttlichen Wirkens und Willens in der Menschenwelt hin. Ihr »Schöpfer« – der Bildhauer Peter Lenz (nach den Klostereintritt als Pater Desiderius Begründer der Beuroner Kunstschule) – hat seine an den Gesetzen der alten Kunst ausgerichtete Prinzipienlehre eines genau abgezirkelten Formen- und Farben-Kanons schließlich nicht für den laienhaften Betrachter entwickelt, sondern zum Lobe Gottes.

Am Beginn seiner Suche nach einer dem Opus Dei angemessenen Bilder-Sprache mögen entscheidende Fragen gestanden haben, die von der Kirchenkunst seiner Zeit in ihrer eher verniedlichenden Erzählweise nicht beantwortet wurden: Wie begegne ich dem Göttlichen? Wie äußert sich das Heilige? Wie setzt man Freude, Hingabe, Liebe ins Bild? Vom gregorianischen Chorgesang der Beuroner Mönche inspiriert, glaubte er, die in Musik umgesetzte Antwort gefunden zu haben: Erhaben statt lieblich. Rein statt verschnörkelt. Streng statt gefühlsbetont.

Wirken und Werk der Beuroner Künstlermönche sind ein wesentlicher Bestandteil der Kloster-Identität. Was in der Beuroner Kunstschule über ein halbes Jahrhundert hinweg geschaffen, gestaltet und in die Welt hinausgetragen wurde in den Bereichen Malerei, Bildhauerei, Goldschmiedekunst, Paramentenstickerei, Schreinerei usw., hat inzwischen wachsende wissenschaftliche Reputation erfahren. Die Früchte der schöpferischen Gestaltungskraft sind auch noch in vielen Sakralstätten unseres engeren Raumes zu entdecken; mit einem ganzen Reigen musizierender Engel im nahen Irndorf, mit einem künstlerisch eigenwilligen »Heiligen-Konvent« in Aichhalden, um zwei besonders außergewöhnliche Beispiele von Beuroner Kirchenmalerei anzuführen.

Wertvolle Paramentenstickerei für die liturgischen Gewänder

Beuroner Goldschmiede-Arbeiten

Friedhofsskulptur von P. Ansgar Dreher in Kirchenhausen

Der heilige Martin auf der Fassade der Abteikirche

Lebenswasser: Das Kraftfeld an der Donau

Panta rhei – alles fließt. Ein Schwan lässt sich am Donaubogen von der Strömung treiben. Am »Schweizer Landhaus« der Hohenzollernfürstin vorbei haben wir quer übers Wiesengrün den Weg Richtung Wasserkraftwerk eingeschlagen. Ja, hier in diesem paradiesischen Zaubergarten gleiten die Gedanken wie von selbst ins Philosophische. Bewegung und Ruhe. Kommen und Gehen. Werden und Vergehen. Wasser und Strom. St. Maurus, das Kraftfeld. Doch jetzt sind weder die alten Griechen noch augustinische Weisheit gefragt. Hier stehen die harten Fakten der klösterlichen Energieversorgung im Vordergrund.

Die junge Donau ist ein launisches Wesen. Ablesbar am Wasserstand mal Sorgenkind, mal Gottesgabe; mal Groschengrab, mal Goldstück. Wenn sie Hochwasser führt oder trockenfällt, gehen zwar nicht gerade die Lichter aus in der Abtei, aber es tröpfelt zu wenig ins Klosterkässle. Eingespeiste Kilowattstunden bedeuten bare Münze. Dass das eigene Wasserkraftwerk der Beuroner Mönche – 1921 in der Ära von Erzabt Raffael Walzer erbaut – zur Herzenssache des Klosters geworden ist, keine Frage. Immerhin haben die Mönche dereinst Hand angelegt an Karren und Schaufel, um unter Zuhilfenahme externer Kräfte die Staumauer und das Gebäude zu erstellen. Zunächst bei der Bronner Mühle am Jägerhaus geplant, wo man allerdings den bereits begonnenen Stauwerksbau wieder einstellen musste, weil der Stromversorger in Fridingen mit einem eigenen Wasserkraftwerk den Mönchen im wahrsten Sinne des Wortes buchstäblich das Wasser abgegraben hatte, ist das Maurus-Wasserkraftwerk seither ein zuverlässiger Stromlieferant.

Inzwischen ersetzt nach der vollständigen Erneuerung modernste Technik die historischen Turbinen, Kompressoren, Transformatoren ... Das ursprüngliche idyllische Erscheinungsbild des Wasserkraftwerks St. Maurus mit seinen üppig blühenden Dahliengärten und dem efeuberankten Giebelhäuschen ist verschwunden. Seit 2009 hat im zweckmäßigen Beton-Kubus das neue Donaukraftwerk den Betrieb aufgenommen. Heute freuen sich allerdings nicht nur

Wasserkraftwerk Maurus im Felde

die Fische über ihren komfortablen Treppenaufstieg. Das vollautomatische Werk mit dem beweglichen Klappenwehr an der stählernen Staumauer quer durch 55 Meter Flussbreite ermöglicht die Verdoppelung der Stromproduktion. Mit zweieinhalb Millionen Euro zwar das kostenmäßig aufwendigste Projekt klösterlicher Zukunftssicherung, hat das technische Vorzeigestück den Mönchen von Beuron eine der modernsten Anlagen im Land beschert und eine zeitgemäße regenerative Stromquelle gesichert, die im Idealfall noch zusätzlich bis zu 700 private Stromabnehmer versorgen kann.

Preziosen gegen Pumprechte

Wahrhaft fürstlich »löhnten« dereinst die Schlossherren von Werenwag alle Jahre wieder den Augustiner-Äbten von Beuron die Wasserentnahme aus dem Großschmiedebrunnen in Langenbrunn. Der ungewöhnliche Handel florierte ab dem 16. Jahrhundert offenbar jahrhundertelang zu beidseitiger Zufriedenheit. Technischer Fortschritt inbegriffen: vom Pumpwerk nahe der Donau wurde das Wasser per Steigleitung über hölzerne Deicheln und Bleiröhren senkrecht hinauf zur Schloss-Zisterne geleitet. Gold gegen Wasser – vom guten Geschäft profitierten beide. Die Herren und ihre Dienstbaren auf den Schwenninger Hardthöhen, denen das kostbare Nass aus dem Tal gelegentlich das Leben erleichterte, bis Ende des 19. Jahrhunderts eine eigene Wasserversorgung über die Hohenberg-Gruppe zu Stande kam. Und Kloster Beuron verdankt dem klösterlich-fürstlichen »Mega-Deal« heue noch sein Glanzstück in der Schatztruhe.

Der prunkvoll vergoldete Silberkelch aus dem frühen 17. Jahrhundert mit seiner feinen Ziselierung der Örtlichkeit ist nicht nur Geschichts-Schreibung, sondern auch Geschichtspflege vom Feinsten: An den höchsten kirchlichen Festtagen noch in Gebrauch, bleibt er ein Symbol lebendigen Glaubens.

Geschichten und Geschichte
Auf zum fröhlichen Wandern

Sinfonie aus Fels und Feste: Schloß Wildenstein

Dass die Klosterherren mit den Burgherren rundum seit jeher gute Beziehungen pflegten, mag nicht nur an der gemeinsamen Obhut der ihnen anvertrauten »Dienstbaren« gelegen haben. Ob Fürstenberger, Laubenberger, Enzberger, Kallenberger, die Obrigkeiten – ob weltlichen oder geistlichen Standes – haben zwar des Öfteren um Pfründe und Pfarrhoheiten gezankt, doch sie wussten auch um die Vorteile gegenseitiger Wertschätzung. Die hoch über St. Maurus erhabenen Wälle, Türme und Mauern des Wildenstein vor Augen, kommt uns da eine von ungezählten Anekdoten in den Sinn, die uns die Zimmern'sche Chronik von dessen Erbauer, Gottfried Werner von Zimmern, überliefert hat. Der Burgherr sei fast alle Tage hinab in die Augustiner-Probstei gewandert, um an der Messe teilzunehmen. »Er ist nie gesehen worden, von der Tonaw (Donau) hinauf ins Schloss leer gehen, sondern hat allweg etwas mit ihm hinauf, ihm selbst zu ainer iebung, getragen.« Aufwärts steigen mit Stock, Stein, Sack? Heute würde man die Übung wohl als gelungene Kombination von Kraft- und Ausdauertraining bezeichnen. Ein hohes

Alter habe er jedenfalls erreicht: »wie etlich mainen, über die hundert jar«, berichtet die Chronik.

Beim Wandern in seinen Fußstapfen wird uns der alte Ritter direkt zum sympathischen Gesundheitsguru. Um körperlich und geistig bis ins hohe Alter beweglich zu bleiben, schaden weder Weihrauch noch Wanderstock.

Burgenzauber: Von Geistern und Geistlichen

Schloss Bronnen

Herrlich und schaurig zugleich ziehen sie Neugier und Faszination der Menschen von nah und fern in ihren Bann. Naturwunder und Geisterzauber im Tal der Oberen Donau bedingen einander: Wo Felsen und Mauern geheimnisvolle Geschichten erzählen, wachsen und blühen auch die Legenden. Das nächtliche Treiben der »weißen Frau von Schloss Bronnen«, der tückische Mönch im unterirdischen Gang von Schloss Werenwag, der kindermordende Knappe vom Wildenstein oder die ungetreue Gattin vom Falkenstein bringen seit jeher die Fantasie in Wallung. Extreme Naturphänomene – das jagende Wolkenheer der geheimnisvollen Muthe, der tödliche Sog des »Donau-Bröllers«, die Weg und Steg verhüllenden Nebelschwaden – geben der Fantasie reichlich Nahrung. In diesem mystischen Umfeld auch die geistlichen Herren eine zentrale Rolle. Bischofs-, Prälaten- und Probstfelsen tragen nicht von ungefähr ihren Namen.

Himmlische Ziele im Süden

Lobpreis

Wofür, wenn nicht das Schöne zu empfangen
Hat Gott denn alle Sinne uns geschenkt
Und unser unersättliches Verlangen
Zu schauen und voll Freude zu erkennen
Wie wunderbar er unsre Schöpfung lenkt

Wofür, wenn nicht zu stetem Lob und Preis
Hat er uns denn beschenkt mit einer Stimme
Die alles, was die Seele fühlt, zu formen weiß
In Worte, Bilder und in schöne Töne
Damit sein Werk in uns erklinge

So lasst uns heut' zum Chor vereint
Sein Loblied singen unterm weiten Himmelszelt
Hier wollen wir das Gute, Wahre, Schöne finden
Und unserem Schöpfer Dank darbringen
Für das Geschenk des Lebens und die Wunder dieser Welt

Kluge Köpfe – kreative Kleriker – kämpferische Kirchgänger

Wo zusteigen auf der Reise durch die Beuroner Klostergeschichte? An Stationen mangelt es beileibe nicht. Auch nicht an Menschen, die ihr mit jeweils ganz individuellem persönlichen Profil zur prägenden Kontur verholfen haben. Südlich des Donautal-Traufes gibt es besonders viel »Benediktinisch-Beuronensisches« zu entdecken, das der Rede wert ist. Insbesondere wenn kundige Begleiter bei der Auswahl markanter Ereignisse helfen. Dr. Edwin Ernst Weber, Kulturreferent und Archivdirektor des Landkreises Sigmaringen, ist mit seiner Expertise ein willkommener Partner und übernimmt gerne die Führung.

Startplatz der »Schatzsuche« ist Schloss Meßkirch. Spuren eines hohenzollerischen Klosterdorfes im badischen Landstädtchen? »Mehr als genug zum Schauen und Staunen«, das aufmunternde Lächeln eines Insiders, der sich mittlerweile schon drei Jahrzehnte mit Leidenschaft und Akribie der geschichtlichen und kulturellen Vielfalt Oberschwabens annimmt, verheißt so manche Überraschung. Allein in und um die repräsentativen Flügel des Schloss-Geviertes hat sich im Laufe von Jahrhunderten eine ganze Reihe bemerkenswerter Berührungspunkte angesammelt. In erster Linie sei dies auf die tiefe Verankerung der Bevölkerung im römisch-katholischen Glauben zurückzuführen und zugleich einem ausgeprägten Bedürfnis nach geistiger Bildung. Rund ums Renaissance-Schloss, dessen bauliche Eleganz dem Adelsgeschlecht der Grafen von Zimmern zu danken ist, hat sich im einstigen Residenzstädtchen ein bürgerliches Stadtleben entwickelt, das neben kaufmännischen Tugenden und landwirtschaftlichen Talenten auch für das freie

Denken und kreative Schaffen aufgeschlossen war.

Ob reinem Zufall, genetischer Disposition oder kollektivem Ehrgeiz geschuldet, eine erstaunliche »Genie-Dichte« ist dem seit 1806 Baden zugehörigen oberschwäbischen Zwickel südlich der jungen Donau jedenfalls nicht abzusprechen.

Stadtpfarrkirche St. Martin, Meßkirch

Der »Geniewinkel« kommt nicht von ungefähr zu seinem bemerkenswerten Image, ein besonders fruchtbarer Boden für herausragende Begabungen zu sein. Zwei historische »Beweisstücke« aus Vielzahl und Vielfalt ganz unterschiedlicher Lebensläufe finden sich schon gleich vor Ort in dem heute als Kultur- und Museumszentrum genutzten Schloss: Hier ist vor rund 450 Jahren die »Zimmerische Chronik«, ein Weltbuch von singulärer historischer und kultureller Bedeutung, von Graf Froben Christoph von Zimmern verfasst worden. Vor einigen Jahren kehrte die Chronik von ihrem heutigen Verwahrort in der Württembergischen Landesbibliothek Stuttgart für eine glanzvolle Ausstellung zu den Grafen von Zimmern und ihren unvergänglichen Kulturleistungen in der Kreisgalerie gut gesichert und klimatisiert für einige Wochen an ihren Entstehungsort zurück. Und ein kleines, aber feines Museum erinnert zusammen mit einer Portraitplastik des Bildhauers

Schloss Meßkirch

Otto Wesendonck an Martin Heidegger, einen der weltweit wichtigsten, aufgrund seiner zeitweiligen Nähe zum Nationalsozialismus gleichwohl umstrittenen Philosophen des 20. Jahrhunderts.

Die Vielzahl seiner Klöster – ganze 17 waren es einmal allein im Landkreis Sigmaringen – mag nicht unwesentlich dazu beigetragen haben, dass gescheite Buben »und gelegentlich auch intelligente Mädchen« ihre Erbmasse durch Bildung erweitern konnten. Der gesamte oberschwäbische Raum wurde über mehr als eintausend Jahre entscheidend von seinen zahlreichen Klöstern geprägt – wirtschaftlich, sozial, baulich, kulturell, nicht zuletzt auch geistig und geistlich. Sowohl für den Adel wie auch für das Stadtbürgertum und die bäuerliche Bevölkerung waren die Klöster vom Mittelalter bis zur Säkularisation die wichtigsten Vermittler von Bildung und Kultur, betont Dr. Weber, während wir parallel zum Schlosshof im Geiste die vergangenen Jahrhunderte und die benediktinische Klosterwelt durchschreiten.

Drei Zeitabschnitte lassen sich dabei in der oberschwäbischen Klostergeschichte unterscheiden: Zunächst die von den Klöstern Reichenau und St. Gallen geprägte karolingische Phase im Frühmittelalter – Bildungs- und Kulturstätten von nahezu staatstragender Funktion. Es folgte im Hochmittelalter und der Frühen Neuzeit eine flächendeckende Kloster-Expansion, die heute noch baulich das »Gesicht Oberschwabens« prägt. Benediktinische, zisterziensische und prämonstratensische »Prälatenklöster« wie Weingarten, Ochsenhausen, Zwiefalten, Salem, Obermarchtal, Schussenried und Weißenau, im kleineren Maßstab auch das Augustiner-Chorherrenstift zu Beuron waren über die Jahrhunderte Eckpfeiler in der regionalen Herrschaftsverfassung, im Wirtschaftsleben und im Bildungswesen. Nach dem vernichtenden Kahlschlag durch die Säkularisation folgte in der zweiten Hälfte des 19. Jahrhunderts der Aufbruch in ein neues »benediktinisches Zeitalter«. Mit ihrer von der zeitweise liberaleren Klostergesetzgebung Preußens ermöglichten Wieder-Ansiedlung einer monastischen Lebens- und Geistesgemeinschaft seit 1863 haben die Mönche von Beuron die dritte Kloster-Ära Oberschwabens angeführt. »Und mit Theologischer Hochschule, Beuroner Kunstschule und Gregorianik-Schule vor allem in den Dekaden vom 19. ins 20. Jahrhundert den Weg der

Originalausgaben von Abraham a Sancta Clara aus der Nachbargemeinde Kreenheinstetten gehören zu den bibliophilen Schätzen des Klosters

kulturellen Bildungs-Tradition mit einer Ausstrahlung weit über die Region hinaus fortentwickelt«.

Die persönliche, von professioneller Expertise und Erfahrung gestützte Nähe des Kulturreferenten zur »spirituellen Anlaufstelle Beuron« bleibt nicht verborgen. »Es wäre ein riesiger gesellschaftlicher und kultureller Verlust, wenn das Klostersterben weitergehen würde.« Die Konsequenz: »Um diese wichtige Institution im geistigen und spirituellen Leben für die nächsten Generationen zu erhalten, müssen wir alles uns Mögliche unternehmen.« Auf den praktischen Alltag des Kreiskulturchefs umgemünzt bedeutet das: »Mindestens eine Woche geistliche Einkehr in Beuron im Jahr muss sein.« Ganz abgesehen von der ohnehin schon regen Vortragstätigkeit innerhalb und außerhalb des Klosters zu einschlägigen Themen. Gerade ist er dabei, im Auftrag des Landes Baden-Württemberg an einem Buch über die Klöster in Baden und Hohenzollern mitzuwirken. Eine zentrale Rolle darin spielen die Erzabtei Beuron und ihre Mönche, aus deren Reihen sich zur Freude des Kreisarchivars ein erfahrener Autor zu Geschichte und Gegenwart des ehemaligen Augustiner-Chorherrenstifts und der heutigen Benediktiner-Erzabtei gefunden hat. An Protagonisten mit heimatlichen Wurzeln mangelt es nicht. Und ebenso wenig an Zuspruch und Anerkennung bedeutender Verantwortungsträger aus der zivilen Welt, die an diesem geistig-geistlichen Zentrum im Donautal für ihren eigenen Lebensweg Kraft und Zuversicht tankten.

Herausragende Geistesgrößen. Populäre Seelsorger. Kreative Künstler. Die Phalanx der wissenschaftlich, künstlerisch und handwerklich exzellenten Mönche scheint unerschöpflich. Kirchenmusiker, Künstlermönche, Klosterobere mit Geburtsschein Sigmaringen – *(kleine Ergänzung)* der Chorallöwe Ambrosius Kienle aus Laiz, der Malermönch Tutilo Gröner aus

Habsthal, der Bildhauer Ansgar Dreher aus Vilsingen, Erzabt Ildephons Schober aus Mengen, der »Psalmen-Miller« Athanasius aus Wolfartsweiler-Bad Saulgau, um nur einige anzuführen – Beuroner Benediktiner haben seit jeher in den vorderen Rängen mitgemischt.

Lotosblüten, Palmen, Ornamente, Farbigkeit – es ist die recht ungewohnte Fassadenge-

Kreisarchivar Dr. Edwin Ernst Weber vor dem Herz-Jesu-Heim Meßkirch

staltung, die unseren Blick nun westwärts vom sonnenüberstrahlten mächtigen Sakralbau der Stadtkirche St. Martin hinweg gelenkt und in ihren Bann gezogen hat. Diese Handschrift kennen wir doch. Kann es sein, dass sich auf dieser großflächigen Visitenkarte der »Meister von Beuron« verewigt hat? Und wenn ja, wie kommt es dazu? Das »Herz-Jesu-Heim« zu Meßkirch ist eines der wenigen zeitüberdauernden Zeugnisse der »neuen katholischen Kunst«, mit der Pater Desiderius Lenz – als gebürtiger Haigerlocher auch ein Hohenzoller – die seiner Zeit ins überschwänglich Liebliche abdriftende Ausstattung von Sakralräumen durch den erhabenen Ernst strenger Symmetrien, Farben und Formen ablösen wollte. Die Geschichte des Gebäudes – erst fürstliche Reithalle, dann Fruchtkasten, Textil- und Lebensmittellager, schließlich römisch-katholische Notkirche in der Zeit des badischen Kulturkampfs und heute Vereinsdomizil des Kolpingvereins – ist ebenso außergewöhnlich wie die Ursache seiner Umnutzung in den 1870er Jahren und die ins Auge fallende Fassade.

Vom berühmten Deutschordensbaumeister Johann Caspar Bagnato Mitte des 18. Jahrhunderts dem damals fürstenbergischen Schloss-Areal als ergänzende Bereicherung angefügt wie der Hofgarten und die Remise, sollte sich keine 150 Jahre später die ursprüngliche Reithalle in eine »Nothkirche« verwandeln. Grund für die höchst ungewöhnliche Metamorphose war der legendäre »Meßkircher Glaubenskrieg«: die nach dem ersten Vatikanischen Konzil unerbittlich ausgetragene Abspaltung der »Altkatholiken« von den »Römisch-Katholischen« in zwei sich feindlich gegenüber stehende katholische Kirchengemeinden. Erstere erkämpfen sich mit staatlicher Rückenstütze das Recht auf die Mitbenutzung der Stadtkirche St. Martin. Letztere verweigern sich diesem Ansinnen und finden keine hundert Meter weiter eine adäquate Zuflucht. Ein fürstlicher Reitstall wird zur Kirche auf Zeit; die 1870 vom streitbaren Pfarrer der »Ultramontanen« mit eigenem Geld gekaufte, nach den Plänen von Lenz umgebaute und von den Beuroner Malermönchen innen wie außen programmatisch ausgemalte »Nothkirche« wird über zwanzig Jahre hinweg ihr festes Glaubens-Domizil bis zur Rückkehr in die Martinskirche 1894. Heute ist der eigenwillige Bau mit der 2005 rekonstruierten Bemalung der Außenfassade ein zusätzliches Schmuckstück im Stadtbild. Ein Denkmal der Erinnerung an kaum begreifliche Stadtgeschichte zugleich.

Ob der kleine Martin Heidegger, der als Sohn des Mesmers an diesem Erinnerungsort getauft worden ist, später – bereits wieder in der Martinskirche – regelmäßig zur Messe ging und selbstverständlich dann auch den Ministranten-Dienst übernahm, vor den »Beuroner Fresken« und Altarbildern zum ersten Mal den Wunsch verspürte, eine geistliche Laufbahn anzustreben und vielleicht sogar Beuroner Mönch zu werden? Seinen Namen Martin jedenfalls soll er erhalten haben, weil sein Vater – eigentlich Mesner in der Stadtkirche – dort keinen Dienst mehr tun durfte, seinen Sohn immer daran erinnern wollte, dass die Heideggers zu St. Martin gehören. So der Chronist. Die enge Verbindung zur Erzabtei hat der große Philosoph jedenfalls lebenslang gepflegt, auch wenn er sich in seinem wissenschaftlich-philosophischen Denken vom geschlossenen System des vorkonziliaren Katholizismus weit entfernt hat. Die Faszination der Beuroner Liturgie, die er bereits als Fünfjähriger auf den Wallfahrten mit seiner Mutter kennen gelernt hatte, blieb. »Ein Geheimnis, das durch die ganze Kirche waltet, heilig und bergend zugleich«, benennt es sein Studienfreund Romano Guardini. Der berühmteste Sohn Meßkirchs nahm oft mehrere Tage in Beuron am Tagesrhythmus der Mönche teil: »Seit Freitag bin ich hier in meiner alten Zelle und schon wieder eingewöhnt in das geschlossene und gehaltene Leben der Mönche. Am liebsten hätte ich auch noch gleich das Mönchsgewand, weil ich es jedes Mal als stilwidrig empfinde, wenn ich ›in Zivil‹ durch die Klostergänge gehe …« Von den Eindrücken seiner Jugendjahre inspiriert, konnte sich Martin Heidegger zunächst wohl ein monastisch ausgerichtetes Leben durchaus vorstellen.

Sein und Zeit. Im Respekt vor einem der größten und gleichermaßen umstrittensten Denker seiner Zeit und vor dem Geschichtsbewusstsein einer Stadt, die ihre außergewöhnliche Vergangenheit in der oberschwäbischen »Splitterzone des Alten Reiches« so sichtbar in Ehren hält, ist unser anregender Austausch über hohenzollerische, badische und württembergische, altkatholische und römisch-katholische, künstlerische und klösterliche Befindlichkeiten viel zu schnell verflogen. Tempi passati. Doch die Reise auf den Spuren der Mönche hat ja noch viele Stationen.

Martin-Heidegger Museum Meßkirch

Von Kraftort zu Kraftort: Die benediktinischen Wegweiser

Die Abendglocke ruft. Bevor der Zug der Mönche sich von der Statio im Kreuzgang der Klausur gemessenen Schrittes in den Chorraum bewegt, haben die Hausgäste in den ersten vier Kirchenbank-Reihen Platz genommen. Der Exerzitien-Kurs für Bürgermeister beginnt mit dem Chorgebet. Es ist die Zeit der Vesper. Zuerst die spirituelle Nahrung mit Andacht und Gregorianik in der Abteikirche. Später die leibliche Stärkung mit Käsesalat und Schorle im Gästeflügel. Eine erste gute Gelegenheit, alte Bekanntschaften aufzufrischen, neue Kontakte zu schließen und dabei gleich einen Hauch »Beuroner Spirit« einzuatmen. Später am Abend ist dann bei Vortrag und Diskussion volle Konzentration angesagt: Die 50. Besinnungstage für Bürgermeister im Januar 1996 stehen unter dem Motto: »Beuron und seine Heiligen«. Und die erwartungsfrohe Schar der kommunalpolitischen Verantwortungsträger kommt aus dem Staunen gar nicht heraus. So viele »Beuroner Schnittpunkte« vor der eigenen Haustür hätte dann doch keiner von ihnen erwartet.

Augustinus, Benediktus, Martinus, Gallus – die großen und ehrenwerten Vorbilder der katholischen Christenheit – haben über Jahrhunderte hinweg in unseren südwestlichen Regionen Spuren hinterlassen. Im Kloster Beuron finden sie sich in eindrucksvoller Präsenz. Der größte Kirchenlehrer und der stärkste Repräsentant des westlichen Mönchtums, die mit ihrem entscheidenden Einfluss den europäischen Kulturraum geprägt haben, geben sich die Hand. Den Boden beackert hatte dafür der iroschottische Wandermönch Gallus, auf dessen Klostergründung am Bodensee die ersten Besitzurkunden zurückgehen. Und der heilige Martin gibt als Kirchenpatron

»Beuroner Heilige« (v.l.n.r.): St. Augustinus, St. Gallus, St. Martinus und St. Benediktus

zur monastischen Verbindung seinen Segen dazu. Bei den Mönchen von Beuron treffen ihre jeweils individuellen Biografien aufeinander und bündeln sich zu einmaliger Strahlkraft. Sich dieser geballten Ladung sinnstiftender Impulse zu entziehen, ist schlichtweg nicht möglich. So bis heute das übereinstimmende Echo der vielen Menschen, die sich auf das Kloster und seine Botschaften einlassen. Heiko Schmid, gebürtiger Ebinger, promovierter Sozialwissenschaftler, damals Bürgermeister der Stadt Pfullendorf und seit 2006 Landrat von Biberach, ist einer von ihnen.

»Auf die Spuren Gottes achten und für den eigenen Lebensweg Hilfe und Segen finden«, hatte der Erzabt damals seinen Gästen mit auf den Weg gegeben. »In jedem Leben gibt es viele Augenblicke, in denen es sich lohnen kann, diesen Wunsch wörtlich zu nehmen. Auch und insbesondere für einen Kommunalpolitiker.« Ein Vierteljahrhundert später hat die Erinnerung an die legendäre Beuroner Besinnungszeit an Intensität nichts verloren. Der viertägigen Auszeit, »die die eigene Beziehung zu Gott vertieft und zugleich im Austausch mit den Kollegen neue Impulse gegeben hat«, folgten schließlich noch viele weitere tiefgreifende Begegnungen. Wie für die allermeisten Tagungsgäste auch, war es für ihn gar keine Frage, beim nächsten Mal im vertrauten Kreis Gleichgesinnter die Chance innerer Erneuerung im Kloster zu nutzen. Die Bürgermeister-Exerzitien gehören nach wie vor zu den bestfrequentierten Tagungsangeboten des Klosters.

Von Kraft-Ort zu Kraft-Ort. Auch wenn der Landrat des Nachbarkreises inzwischen zu-

Bussen-Pfarrer Pater Alfred Tönnis aus dem Ordenskloster Oggelshausen (rechts), hatte das »Ulrika-Nisch-Haus« in Mittelbiberach – eine Stiftung, die Schwangeren und Müttern mit ihren Kindern in Notlagen hilft – auf den Weg gebracht. Hier trifft er sich mit dem Biberacher Landrat Dr. Heiko Schmid an seiner Wirkungsstätte auf dem »Heiligen Berg Oberschwabens«.

meist »seinen eigenen Heiligen Berg« aufsucht – die historisch wie spirituell herausragende Gipfelhöhe des Bussen-Kegels liegt für ein kontemplatives Abseits heute näher als der donauumspülte Talkessel im »Schwäbischen Grand Canyon« – die spannenden »benediktinischen Ausflugsziele« haben über Jahre hinweg nichts von ihrer Anziehungskraft verloren. Im Gegenteil. Der Kommunalpolitiker bezeichnet sie heute als »Prägende Eindrücke, die wohl jedem von uns die kulturelle Kraft des Christentums im oberschwäbischen Lebensraum, aber auch die enge persönliche Bindung an unser Kloster Beuron wach und vor Augen halten«.

»Beuroner Berührungspunkte«? Ein ganzes Quartett himmlischer Ziele hatte sich dem Bürgermeistersohn aus evangelisch-katholischem Hause bereits seit früher Kindheit erschlossen, als die Familie regelmäßig zu sonntäglichen Ausflügen nach Beuron aufbrach; »von St. Maurus bis zur Liebfrauen-Grotte und dem Jägerhaus jedes Mal ein einzigartiger Mix aus Andacht und Vergnügen«. In der Beuroner Abteikirche hat der unvergessene Dekan Karl Duttlinger später das junge Ehepaar getraut, auf dem Wildenstein hat man danach gefeiert. Als Persönlicher Referent von Minister Dietmar Schlee hat er über den »Verein der Freunde« besonders enge Bande zu Beuron gepflegt. Dazu zählt auch der »Beuroner Ableger« auf dem Ramsberg, der ihm nicht nur auf der Pilgerroute des Jakobsweges von Ulm über den Bussen an den Bodensee eine vielfach aufgesuchte Anlauf-Station war und – erweitert um den Martinus-Pilgerweg quer durchs oberschwäbische Herz der Landschaft – heute noch ist.

Daheim in Mittelbiberach, dem Geburtsort der Seligen Ulrika Nisch, die in der idyllischen Landschaft unter dem Berg-Kamm des Bussen ihre Kinder- und Jugendjahre verbrachte, wuchs indirekt noch eine weitere Brücke zur Erzabtei Beuron, wo Erzabt Theodor über fast zwei Jahrzehnte hinweg unmittelbar in das päpstliche Heiligsprechungsverfahren mit eingebunden war. Und der »benediktinische Weg« führt über das Kloster Hegne der Kreuzschwestern und das aus ganz Süddeutschland hoch verehrte Grab der seligen Ulrika unmittelbar auf die Reichenau, wo in Sichtweite über dem Spiegel des Gnadensees in Niederzell die dem Kloster Beuron zugeordnete Cella St. Benedikt das Interesse auf sich zieht.

Im historischen Papstzimmer des »Bürgle« hat der Biberacher Landrat seinen Fünfzigsten gefeiert und dabei einmal mehr mit Familie und Freunden die große Geschichte der »Reichen Aue« auf sich wirken lassen. Dieser Quell benediktinischen Lebens – an der Jahrtausendwende von der UNESCO zum Weltkulturerbe erhoben – ist mit der Geschichte Beurons mehrfach aufs Engste verflochten. Gehen doch auf die Malerin Amalie Bensinger und ihre Freundschaft zu Fürstin Katharina von Hohenzollern und die Brüder Maurus und Placidus Wolter die benediktinische Wiedergründung und die Beuroner Kunstschule zurück. Ein Kunstkloster wollte sie gemeinsam mit Peter Lenz und Jakob Wüger gründen. Dazu kam es allerdings nicht. So erwarb sie das geschichtsträchtige Schloss Windeck in Mittelzell, in dem zur Zeit des Konstanzer Konzils Papst Martin V. kurze Zeit residiert hatte. Ihr Grabmonument im Beuroner Kunst-Stil auf dem Friedhof im benachbarten Niederzell erinnert noch heute daran. Dass nun an diesem einstigen Schauplatz der Beuroner

Das Grabmal der Künstlerin Amalie Bensinger vor der heutigen Niederlassung der Benediktiner in Niederzell auf der Reichenau ist im Beuroner Kunst-Stil erbaut

Klostergeschichte seit 20 Jahren wieder einige Beuroner Mönche Heimat gefunden haben, schließt den Kreis bemerkenswerter Beuroner Erinnerungsorte und füllt ihn zugleich mit neuem benediktinischem Leben.

Ohne einen Abstecher zum Campus Galli wären diese benediktinischen Stationen aus der Sicht der Chronistin freilich nicht vollständig. So führt unsere »Beuroner Kloster-Exkursion« wieder heimatwärts zurück in die Rohrdorfer Waldungen nahe Meßkirch. Hier empfängt uns der hallende Schlag des Klangholzes, gefolgt von einem ganzen Orchester naturbelassener Werkzeuge mit einer beeindruckenden historischen Sinfonie: Steinmetze, Zimmerleute, Maurer, Handlanger – umringt von staunenden Blicken neugieriger

Mit ihrer »Karolingischen Klosterstadt Campus Galli« haben sich die Bürger von Meßkirch an ein »Großbau-Vorhaben« gewagt, das Vergangenheit und Zukunft, Vision und Realität, Wissenschaft und Wirtschaft auf einen Nenner bringen soll. Und offenbar auch kann, wie die baulichen Fortschritte, das Besucherinteresse und eine offene Hand der Geldgeber zeigen. Nach beinahe zehnjähriger Anlaufzeit vom Paradiesgärtle über Hühnerstall, Holzkirche bis zur Kornscheune in frühmittelalterlicher Bautechnik entstanden, gehört dieses Projekt zu den museumspädagogischen Leuchttürmen im Land.

Besucher – machen das Leben in der karolingischen Klosterstadt schon einsehbar. Was für ein (viel)stimmiges benediktinisches Oratorium auf einer benediktinischen Baustelle, deren Vollendung wohl erst in einer Generation gefeiert werden kann. Der St. Galler Klosterplan, vor tausend und mehr Jahren von Benediktinern in den Skriptorien auf der Reichenau gefertigt, nimmt hier Gestalt an. Dass mit Bruder Jakobus ein Beuroner Mönch im wissenschaftlichen Beirat mitwirkt, muss nicht eigens betont werden.

Reichenau – St. Gallen – Meßkirch – Beuron. Die Geschichte des christlichen Abendlandes lässt sich nun verfolgen von der Entstehung des Klosterplanes über die Klosterbaustelle bis zum lebendigen Klosteralltag an der ewig jungen Donau. Und der kulturhistorische Zeitensprung vom frühen Mittelalter in die Gegenwart schließt auch geografisch nahtlos einen Kreis. Der Dank für unvergessliche Begegnungen mit den »Beuroner Heiligen«: Gemeinsam mit den Beuroner Mönchen bei der Komplet in das allabendliche »Salve Regina« einzustimmen, – das innige Lob an die Himmelskönigin soll auf den berühmten Reichenauer Mönch Hermann der Lahme aus Altshausen zurückgehen – wird zum krönenden Tages-Abschluss.

Geschichten und Geschichte

»Bis alle Himmelsherrlichkeit zerfiel« – auch eine Klostergeschichte

Die Skizzen eines Genies: Künstlerische Augenweide, konstruktive Vorlagen und berührende Botschaften zugleich.

Der Traum vom Fliegen. Die uralte Sehnsucht der Menschheit begleitet Gustav Mesmer sein Leben lang. »Es stehen die Menschen draußen in der Natur, schauen erstaunt die Vögel – groß und klein. Wie sie so beschwingt durch die Lüfte schweben. Wird da der Mensch nicht neidig, hat Gott den Vögeln Schwingen erschaffen und Dir, Mensch, nicht? Er ist doch die Krone des Lebenden. Hat Gott da was vergessen oder ein anderes Ziel sich vorbehalten?«, schreibt er in sein Tagebuch. Ob der »Ikarus vom Lautertal« die »Beuroner Engel« beneidet hat? Sind diese dem Betrachter immer zugewandten strengen Cherubim und Seraphim, die Beuron so reich beflügeln mit ihren weiten und hohen Schwingen, in seiner Erinnerung aufgetaucht, wenn er über seinen Flug-Maschinen sinnierte?

»Sie geben doch so ein schönes Päterchen«, haben die Schwestern von der Ökonomie in Untermarchtal gelächelt und den halbwüchsigen Buben »angestiftet«, Mönch zu werden. Der kleine Gustav aus Altshausen hat sich bei den Franziskanern in Gorheim und in Beuron zur Aufnahme beworben und dann für die Benediktiner entschieden. »In Kloster Beuron hielt ich es sechs Jahre aus, bis alle Himmelsherrlichkeit zerfiel.« – »Fortgewiesen, hinzugehen, wo ich herkomme.« Offensichtlich entwurzelt, geistig verstört durch eine von ihm wohl nicht erwartete klösterliche Ablehnung, fällt der damals 24-Jährige während des Gottesdienstes in seinem Heimatdorf dem Pfarrer ins Wort und macht mit gesalzener Kritik an den »sogenannten Gottesmännern« seinem Herzen Luft. Er wird für geisteskrank erklärt und in die »Irrenanstalt« gesperrt, wo er trotz wiederholter Eingaben 35 Jahre lang als Korbmacher und Buchbinder ein kärgliches Dasein fristet, »schlimmer als der Tod«. Nur knapp entrinnt er den Todeskammern in Grafeneck. Erst mit sechzig erfährt er im Landheim Buttenhausen, was Freiheit heißt, und erprobt seine Flug-Modelle im Tal der Großen Lauter.

Den »Traum vom Fliegen«, der ihn sein ganzes Leben lang beseelte und beschäftigte, hat Gustav Mesmer, der »Ikarus vom Lautertal«, verwirklicht: Die Konstruktion seiner muskelbetriebenen Fluggeräte wurde auf der Weltausstellung 1992 in Sevilla präsentiert. Im Alter von 92 Jahren stirbt er zwei Jahre später in Buttenhausen.

»Ersinne Dir schnell ein paar Flügel/frei wollen sie Dich heben/Du sollst durch die Lüfte schweben/ach wäre das ein Glück«, fasst er seinen Lebenstraum in berührende Poesie. Ob ihn auf seinem Weg in den Himmel nicht doch ein paar Beuroner Engel getragen haben?

Vermächtnis überm Welfengrab

Die monumentale Kuppel zwischen den barocken Türmen eines der schönsten und mächtigsten Kirchenbauwerke Deutschlands dominiert vom Martinsberg aus die Stadt und ihr Umland. Aus dem Hauptportal dringt die unverwechselbar feinstimmige Harmonie der »Gabler-Orgel«, auch sie ein einmaliges Meisterwerk, das – 2017 zum UNESCO-Welterbe gekürt – der Orgelbaukunst die musikalische Krone aufsetzt. Diesmal lässt sie der »Maestro di organo« aus Beuron ertönen.

Der »Schwäbische Petersdom«

Für ihn ein Grund zu Freude und Hochachtung vor dieser fulminanten Klangwelt. Aber auch eine Verneigung vor dem großen Erbe des Ortes, das bis heute mit der Geschichte des Donauklosters verbunden ist.

Von der Grablege der Welfen als einem der ältesten heute noch lebenden Hochadelsgeschlechter Europas unter dem Kreuzigungsaltar ist es nur ein kurzer Fußmarsch bis zum Friedhof der Mönche auf dem Kreuzberg. Erzabt Tutilo – im März 2019 zum Administrator des vor 20 Jahren aufgelösten Benediktiner-Konventes Weingarten berufen – macht sich auf den Weg, um die frisch bepflanzte Grabanlage zu besuchen. Den Beuroner Klosteroberen verbindet mit Weingarten mehr als die benediktinische Ursprungshistorie. Seinem Vorgänger Raphael Walzer, dem vierten Erzabt von Kloster Beuron, ist die monastische Wiederbesiedlung des »Schwäbischen Petersdomes« nach der

Säkularisation zu danken. Aus der einstigen Benediktiner-Abtei Erdington in Schottland hatte er die dortigen Mönche unter ihrem ersten Abt Ansgar Höckelmann auf der Suche nach einer neuen Heimat den Weg nach Weingarten gewiesen. Allerdings sollte die benediktinische Kloster-Ära an einem ihrer repräsentativsten Standorte keine hundert Jahre halten; bereits seit kurz nach der Jahrtausendwende leiteten Administratoren die Abtei. Nach Erzabt Theodor (Foto) und Abtpräses Albert amtiert mit Erzabt Tutilo mittlerweile der dritte Beuroner Klosterobere. Zu den Mitbrüdern aus Weingarten, die heute an verschiedenen Orten leben, hat er eine besondere persönliche Bindung. Während seines zweiten Studiums an der Berufsakademie Baden-Württemberg in Ravensburg lebte er von 1994 bis 1997 in ihrer Wohngemeinschaft. So lag es auch nahe,

Heilig-Blut-Relique in der Basilika Weingarten

dass nach der Auflösung des Konventes sogar zwei Weingartner Mönche schon seit mehr als einem Jahrzehnt in Beuron neue Heimat und neue Aufgaben fanden.

Ein Eremit im pastoralen Hirtenamt

Bruder Jakobus Kaffanke OSB vor seiner Klause auf dem Ramsberg

Zeit für die Andacht. In der Wendelinus-Kapelle auf dem Ramsberg erhellt das stille Licht auf hoher Kerze die schwach erkennbaren spätmittelalterlichen Fresken im Chorraum. Der Eremit greift nach dem Gebetsbrett und schlägt mit dem hölzernen Scheit kräftig das Simandron. Seit Bruder Jakobus vor 25 Jahren mit Erlaubnis des Beuroner Erzabtes die einstige kleine Grafenburg im Überlinger Hinterland zu neuem Leben erweckte, erklingen fünf Mal am Tag benediktinische Chorgebete.

Der Beuroner Mönch hatte ein Leben im klausnerischen Abseits dem in der klösterlichen Gemeinschaft vorgezogen und seinen Konvent damit um ein kleines, aber feines – vor allem aber höchst aktives – spirituelles Kleinod bereichert. Möglich gemacht hatte den Umzug in die Bodensee-Region das Engagement eines von ihm initiierten Fördervereins, der die Übernahme vom Überlinger Spital vertraglich mit Erbrecht auf 68 Jahre sichert; kirchlich zugeordnet ist die Klause der katholischen Seelsorgeeinheit Schönach-Wald.

Die Rolle als »Grenzgänger« – dem Landkreis Sigmaringen ebenso verpflichtet wie dem Bodenseekreis – füllt der beneidenswert lebens- wie geistessprühende Mönch als »Prediger im pastoralen Hirtenamt« mit unermüdlichem Tatendrang aus. Und so kann die ältere Dame, die soeben den Rucksack mit der Jakobsmuschel auf dem Bänkle vor der Kapelle abgestellt und den vom Hausherrn kredenzten Kaffeebecher mit freudigem Dank entgegennimmt, wirklich von Glück sagen, ihn höchst persönlich hier oben in der grünen Einsamkeit anzutreffen.

Bruder Jakobus sieht seinen Einsatz für den Glauben als sinn- und lebensspendende »Übung« ganzheitlich und versteht ihn auch jedem zu vermitteln, der danach sucht. Ob als klösterlich eingesetzter Beirat im Vorstand beim »Campus Galli« in Meßkirch, ob als Mit-Organisator, Moderator und Referent eines Symposions zum »Garten im Reigen der Jahreszeiten« im Rahmen der Landesgartenschau in der Überlinger Susokirche, ob mit Pilgerstab auf der »Via Beuronensis« von Ulm über den »Heiligen Berg« Bussen und die »Gipfel-Station« Ramsberg nach Konstanz oder als Veranstalter von Schweigekursen und der Vortragsreihe »Geistlicher Treffpunkt« im Kloster Beuron – die Reihe seiner Aktivitäten wäre beliebig fortzusetzen. Sein spirituelles Ziel ist Erkenntnisgewinn. Pilgerschaft oder Wissenschaft, Kommunikation oder Kontemplation: Er sucht neue Wege und geht voran. Und dies ganz im Sinne seiner zwei persönlichen Vorbilder: dem Hausheiligen, Ordensvater St. Benedikt, und dem Namensheiligen Jakobus, einem Lieblingsjünger Jesu.

PAX
PAX
PAX
QVAE · CREDIDISTI · DOMINO

Westwärts – aufwärts – himmelwärts

Die Engel von Beuron

Engel sind Stimmen, die uns begleiten
Uns Tag und Nacht zur Seite schreiten
Die unser Tun und die Träume bewachen
Uns helfen und stützen. Sogar mit uns lachen

Engel sind Freunde, steh'n uns zur Seite
Sie tragen unsere Wünsche ins Weite
Wenn sie leuchtend das All durchschweben
Bringen sie Freude in unser Leben

Engel sind Lieder, die in uns singen
Ihr Lächeln lässt unsere Herzen erklingen
Wir sehen sie nicht, doch wir können spüren
Dass sie mit sicherer Hand uns führen

Die Mönche und ihr frommer Sprengel

Kapelle St. Josef auf dem Alten Berg

Zu zählen sind sie kaum, die Altarbilder, Bildstöcke, Flurkreuze, Skulpturen und Wandmalereien mit künstlerischer Handschrift der Benediktinermönche von Beuron. Doch aufsuchen, auffinden und bewundern kann man besonders viele von ihnen auf den westlichen Höhen des Großen Heubergs. Was zu beweisen war. Zum »Geocaching in Sachen Beuroner Kunst« musste Kreisarchivar Dr. Hans-Joachim Schuster nicht erst lange gebeten werden. Sind doch die heimatkundlichen Wanderungen durch den Landkreis Tuttlingen für geistig wie körperlich bewegungsfreudige Naturen ohnehin mindestens einmal im Jahr ein beliebtes »must go«. Das Ergebnis einer gezielten »Sakral-Recherche« hat dann allerdings selbst ihn überrascht. Keine Frage, die Dörfer in den einst vorderösterreichischen Teilen des Großen Heubergs wie auch jene in den ehemals badischen Regionen des Landkreises Tuttlingen haben ihren Lebensalltag seit jeher nach »alter katholischer Väter Sitte« ausgerichtet. Doch mit einer so imponierenden Vielzahl klösterlicher Berührungspunkte hatte auch er nicht gerechnet.

Die »Expedition Beuron

auf Tuttlinger Flur« wird zuerst einmal im Kreisarchiv fündig. Vor der Erkundung steht die akribische Suche nach Beweisstücken für eine bis auf den heutigen Tag Jahrhunderte überdauernde enge Bindung der Menschen zu »ihrem« Klos-

Das »augustinische Erbe« von Kloster Beuron fällt vor allem in den Dörfern an der Bära ins Auge. Mit seinem »Barockjuwel« darf Egesheim den Spitzenplatz für sich beanspruchen. Alterssitz und Sommer-Refugium der Pröbste und Äbte des Chorherren-Stiftes, die dafür sorgten, dass die großen Baumeister und Kirchenmaler des Spätbarockes nicht nur im Donaukloster selbst, sondern auch in den angeschlossenen Pfarreien glanzvolle Spuren hinterließen. Die Egesheimer Runde von Bärenthal über Schlössle und Mühle Ensisheim nach Reichenbach und zurück ist eine wahre »Tour de baroque«.

ter. Danach ein kurzer Aufstieg zum »Alten Berg«, wo der frische Nord-Ost einmal mehr die einmalige Rundumsicht freigepustet hat. Das Bänkle vor der Kapelle hat schon auf uns gewartet. Grüne Weite, wohin man schaut. Alpenzacken, Hegauberge, Schwarzwaldhöhen, Albkuppen – die ganze Vielfalt der Welt scheint sich vor uns auszubreiten. Und mit dem Zauber eines unglaublichen Panoramas auch genau jener fromme Sprengel der Mönche von Kloster Beuron, in dem der Schwerpunkt religiöser Kleinkunst des Landkreises Tuttlingen zuhause ist. »Ein wichtiger Teil unseres kulturellen Profiles« stellt mein kundiger Begleiter fest und verweist auf die habhafte Liste dokumentierter »Beweisstücke«.

Ein nahezu vollständiges »Beuroner ABC« im Nachbarlandkreis? Da drängt sich doch unwillkürlich die Anekdote vom überraschenden Ausgang der Kreisreform vor 50 Jahren auf. Wie war das noch bei der entscheidenden Schluss-Sitzung im Stuttgarter Landtag im Juli 1971, als das Klosterdorf Beuron – bereits zur Eingemeindung in den Landkreis Tuttlingen vorgesehen – mit denkbar knapper Mehrheit Sigmaringen zugesprochen wurde? Den Ausschlag für eine heute noch vieldiskutierte politische Zäsur habe das leidenschaftlich vorgetragene Nein des damaligen Sigmaringer Landtagsabgeordneten gegeben: »Völlig unzumutbar für einen hohenzollerischen Katholiken, die Osterbeichte in einem protestantischen Landkreis abzulegen.« Sei's drum: über lokalpolitischen »Schnee von gestern« zu räsonieren, ist Sache des Kreisarchivars nicht, und so konzentrieren wir uns wieder auf die prägenden Rolle des Klosters zwischen Bära und Prim, Donau und Neckar.

Diese starke Beziehung wurde schon im frühen Mittelalter vom Augustiner-Chorherrenstift Beuron begründet und über 800 Jahre – überwiegend im Verein mit der weltlichen Herrschaft von Enzberg auf der weltlichen Seite – gepflegt. In Archivalien und Chroniken sind bleibende Spuren belegt: Patronats- und Herrschaftsrechte, aber auch Grundbesitz in Balgheim, Egesheim und Reichenbach, Böttingen und Bubsheim, Irndorf, Bärenthal und Buchheim, Ober- und Unterschwandorf sowie Worndorf, Königsheim, Mahlstetten, Mühlheim und Nendingen ... Wie viel Kloster Geld in Kirchen und Liegenschaften geflossen sein mag, lässt sich heute noch an bemerkenswerten Beispielen nachvollziehen.

Mit der Wiederbesiedlung des Klosters nach der Säkularisation nahmen die Benediktiner vor mehr als 150 Jahren die gute Partnerschaft gerne auf und erweiterten sie vor allem auf der künstlerischen Ebene. In Buchheim, Bärenthal und Böttingen, Fridingen, Gosheim und Hattingen, Irndorf, Nendingen, Renquishausen und Spaichingen finden sich in Kirchen, Kapellen und auf Friedhöfen mannigfache Nachweise der Beuroner Kunstschule. Pfarrvertretungen und Volksmission verwurzelten zudem den engen Kontakt der Mönche bis in die Familien hinein.

Lebendiges Miteinander bis auf den heutigen Tag: Die Klosterbrüder zieht's hinauf aus ihrem schattigen Talgrund in sonnige Höhen, die Klosterfreunde suchen im bergumfriedeten Beuroner Natur-Nest den Schulterschluss zum Himmel. Aus eigener Anschauung kann der Kreisarchivar selbst ein Beispiel erzählen, das die Verbundenheit einer Vielzahl treuer Kirchgänger und Klosterbesucher zu »ihrem« Kloster erhellt. Nicht allein an die regelmäßigen Besuche von Bruder Theofried, dem Kameraden seines Onkels aus der Soldatenzeit kann er sich noch lebhaft erinnern. Wie in den Gemeinden an der südlichen Peripherie des Landkreises leisteten Beuroner Patres gelegentlich auch in seinem Heimatdorf Aushilfe in Kirche und Schule. »In Beuron wurde geheiratet; nach Beuron ging der Familienausflug oder die Wallfahrt ins Liebfrauental; der Besuch der »Beuroner Krippen«, der Konzerte des Beuroner Chores, der Ausstellungen und Vortragsveranstaltungen ... »All das nicht weg zu denkende Rituale. Kloster Beuron war und ist für uns das religiöse Zentrum und darüber hinaus eine bedeutende kulturelle Institution.«

Amtenhausen in der Baar-Alb über Kirchenhausen in der Hegaualb bis Aggenhausen auf der Schwabenalb. Auch der Alte Berg in Böttingen gehörte zu den Zielorten einer der bestbesuchten Traditions-Kreiskulturveranstaltungen, wie der Spaichinger Dreifaltigkeitsberg, der Bubsheimer Kirchberg oder der Mühlheimer Welschenberg. Bei den alljährlich angebotenen heimatkundlichen Pilgerwanderungen war es dem Kulturchef des Landkreises schon von Amts wegen ein Anliegen – und darüber hinaus jedes Mal eine sichtliche Freude – so manchen »Kirchenschatz« auszugraben. Die benediktinischen Preziosen darunter gehören weitgehend noch in die Rubrik »Verborgene Highlights«. Doch sogar die Touristik weiß inzwischen ihr Potential zu nutzen.

Die hoch erhabenen Pfeiler der Welschenberg-Ruine beeindrucken in ihrer spirituellen Anziehungskraft. Auch hier gibt es einen direkten Bezug zur Beuroner Klostergeschichte. P. Desiderius Lenz hatte bereits fertige Pläne für eine Kapelle im Stil der Beuroner Kunst ausgearbeitet. Sie wurden allerdings nicht verwirklicht.

Protestantische Diaspora? Aber nicht doch!

»Des Herrgotts Kegelspiel«: Mit den Hegau-Bergen vor Augen bietet sich von der Witthoh-Kapelle aus ein unvergleichliches Panorama.

Der mächtige Bergrücken des Witthoh, in dessen Flankenschutz gen Norden sich über mehrere tausend Jahre hinweg ein uraltes Siedlungsgebiet zu einem »Musterstädtle im Musterländle« entwickelt hat, ist einer der beliebtesten Ruhepole im pulsierenden Tuttlinger Alltag. Ganz außergewöhnlich der Panorama-Blick auf all das, was nicht nur »Christenmenschen« die biblische Schöpfungsgeschichte nahebringt. Der geeignete Standort für ein bemerkenswertes sakrales Bauwerk im Landkreis. Es hat seinen guten Grund, das »Klostergespräch« mit Michael

Beck, dem Oberbürgermeister der Stadt Tuttlingen, an der Kapelle St. Johannes und Jakobus auf dem Witthoh zu führen. Hier ist Klosternähe Programm. Denn ihre Geschichte macht beide – die Kapelle und das Kloster – zu einem »Manifest der Ökumene«.

Dem großen Wort liegt die gute Tat zu Grunde. Die Einordnung des modernen Baukunstwerks – vom Tuttlinger Star-Architekten Günter Hermann entworfen, vom Tuttlinger Vorzeige-Unternehmer Professor Michael Ungethüm in Auftrag gegeben und als Geschenk der Benediktiner-Erzabtei Beuron gewidmet – bietet sich an. 2003 hatte sich der damalige Chef des Weltunternehmens Aesculap aus Anlass seines sechzigsten Geburtstages einen Herzenswunsch erfüllt. Der Platz am heutigen Kapellen-Kreuz auf Hattinger Markung mit seiner unvergleichlichen Rundsicht, in deren Weite jeglicher Alltagsstress unweigerlich an Bedeutung verlieren muss, schien ihm der geeignete Standort für ein Sinn stiftendes Mäzenatentum.

Kapelle St. Johannes und Jakobus, Hattingen

Ein protestantischer Bayer stiftet eine katholische Kapelle. Schafft einen Ort, der die spirituelle Aura einer großartigen Landschafts-Idylle bündelt zu einem Raum der Andacht.

Ausatmen. Beten. Danken. Weil so ein Ort der Ruhe und Regeneration nicht nur für einen bedeutenden Verantwortungs- und Entscheidungsträger unverzichtbar ist, kann es nicht verwundern, dass dieser höchst ungewöhnliche »Ausguck« inmitten der wogenden Kornfelder in seiner gewollten Minimalität die Menschen magisch anzieht. Seit seiner Einweihung durch Erzabt Theodor Hogg vom Kloster Beuron ist die Kapelle ein Anlaufpunkt. Und die Phalanx der Heiligen hat mit zwei biblischen »Donnerbrüdern« prominente Verstärkung erhalten.

Die Landschaft vor uns spiegelt die Vielfalt der Region zwischen Neckar, Donau und Bodensee ab und lenkt die Aufmerksamkeit damit auch auf deren bewegte historische Vergangenheit. Wir lassen die habsburgischen Jahrhunderte im einstigen »Schwäbisch-Österreich« Revue passieren, als die Nellenburger und die Hohenberger, die Ritter und die Prälaten, die Innsbrucker und die Freiburger sagten, wo's nicht nur hier lang zu gehen hat. Denn die Bindung der Bevölkerung in den »Vorlanden« an »ihr« Kloster Beuron wurzelt ja ursprünglich in der Ära der Augustiner-Chorherren, die über 800 Jahre hinweg – mal schiedlich, mal friedlich – mit den jeweiligen weltlichen Herren auskommen mussten. Als sie Pfründe kassierten, Kirchen bauten, den Leibeigenen im Glauben das Leben teils leichter, teils schwerer machten. Von den benediktinischen Gründungsäbten mit großem Ernst aktiv aufgegriffen ist die seelsorgerische Betreuung bis heute ein klosterspezifisches Anliegen. Auch wenn der Zahn der Zeit an so mancher Ausma-

Die Brunnen- bzw. »Rosskapelle« bietet in direkter Nachbarschaft das Kontrastprogramm zum modernen Sakral-Kubus. Auch hier ist die Spur der Mönche von Beuron unverkennbar. Die Deckenbemalung mit einer authentischen Darstellung von Hattinger Dorfbewohnern ist Pater Tutilo Gröner zu danken. Beim Vor-Ort-Besuch seiner Mitbrüder deshalb auch eine besonders liebenswerte Überraschung.

lung und Ausstattung sakraler Stätten, Grabstele, Brunnenskulptur oder Kleindenkmal inzwischen kräftig genagt hat – die Präsenz der »Beuroner Kunst« ziert so manches Kleinod auf dem Großen Heuberg, auf der Hardt und auf der Hegau-Alb.

Ein katholisch geprägter Gürtel rund um die protestantische Vier-Täler-Stadt? Auch wenn in Tuttlingen, dem »Weltzentrum der Medizintechnik«, heute ein ganz anderer Lebenstakt Befindlichkeiten und Gewohnheiten der Einwohner bestimmt, kommt der »gut-katholischen« Nachbarschaft erheblicher Anteil zu, dass hier pflegliches Miteinander seit jeher groß geschrieben wird.

»Toleranz ist eine von vielen Tuttlinger Tugenden.« Der Oberbürgermeister setzt mit einem dezidierten Credo unserem kleinen Ausflug ein sehr persönliches Ausrufezeichen. Bereits in dritter Amtszeit steht der Jurist und profilierte Kommunalpolitiker Michael Beck in Verantwortung für das Wohl und Wehe einer Mittelstadt im ländlichen Raum. Es ist kein Geheimnis, dass er Bürde und Würde ganz unter die Maxime eines klaren christlichen Werte-Kanons stellt. Angeleitet von der Mutter nach dem frühen Tod des Vaters. »Kindheit und Jugend waren werktags wie sonntags, in der Schulzeit wie der Freizeit, von den Mahlzeiten bis zu Auszeiten bestimmt von den Vorgaben des Kirchenjahres. Kloster Beuron war immer dabei.« Man müsse schließlich kein Frömmler sein, um selbst unter säkularisierten Vorzeichen in den christlichen Werten ein erfolgversprechendes Regelwerk fürs Leben zu erkennen, führt der Stadtchef das Beispiel seiner eigenen Karriere ins Feld. Katholik in Verantwortung für eine vorwiegend evangelische Bürgerschaft war Michael Beck nicht erst in Tuttlingen. Auch Tübingen und Böblingen hatte er zuvor schon im Führungsamt von seiner fachlichen Expertise überzeugen können. »Lediglich Burladingen im gut katholischen Hohenzollern machte da die Ausnahme«, schmunzelt dessen einstiges Stadtoberhaupt.

Und folgert aus immer wieder bestätigter Erfahrung: »Ein überzeugter Glaube kann – ganz unabhängig von der Konfession – nie schaden. Ganz im Gegenteil. Hauptsache nur, er ist fest.«

Protestant? Katholik? Muslim? In Fertigungsstraße und Datenverarbeitung, an der Workstation und am Konferenztisch, im Hörsaal und am Steuerpult gibt es andere Kriterien als individuelle Spiritualität, die verbindet oder trennt. Wo Fleiß und Ehrgeiz und die Freude am Vorwärtskommen dominieren, dürfte die Religion ganz sicher nicht an erster Stelle stehen. Vom schaffigen Arbeiterstädtchen mit württembergisch-protestantischen Wurzeln längst zu einem weltoffenen »Melting-point« der Hochtechnologie gereift – bilden heute ganze hundert Nationalitäten im 36.000-Einwohner-Zentrum des Landkreises die breite multikulturelle Basis. »Kein einfaches – aber ein erfolgreiches Miteinander.« Der Tuttlinger OB hat durchaus nichts dagegen, in diesem Zusammenhang seiner Stadt noch den zusätzlichen Beinamen »Stadt der Ökumene« zu verleihen. Und das nicht nur, weil die bekannten Tuttlinger Unternehmensgrößen einen evangelischen Taufschein und gleichzeitig höchste päpstliche Orden tragen.

»Ein fester Anker in der Religion und ihren Werten ist ein verlässlicher Kompass in einem kommunalen Gefüge.« Der Stadtchef kann sein Credo untermauern mit einer Vielzahl von städtisch-kirchlichen Gemeinschaftsprojekten: Vom Bau der Moschee in der Innenstadt (aber ohne Minarett in Kirchturmhöhe) über den Integrationsbeirat bis zum »Haus der Familie« eine gedeihliche und weitestgehend interkonfessionelle Kooperation. Dass ihm persönlich die Kinderbetreuung besonders am Herzen liegt, spricht er offen an.

»Religion gehört zu unserem Leben von der Wiege bis zur Bahre.« Und: »Die Werte der christlichen Kultur in Europa werden bereits im Kindergarten gesät.«

Klare Ansage. In Tuttlingen soll jeder wissen, woran er ist.

Stadt, Kirche und Mäzenatentum im Gleichschritt: Stadtchef Michael Beck (2. v. l.) und kirchliche Würdenträger freuen sich mit Prof. Michael Ungethüm (2. v. r.) über eine geglückte Gemeinschaftsleistung. Unter vielen bemerkenswerten Beispielen stehen auch Glocke und Glockenträger bei der Aussegnungshalle auf dem neuen Tuttlinger Friedhof für das ökumenische Selbstverständnis.

Die Sprache Gottes: Musik liegt in der Luft

Pater Landelin beim Kinder-Orgeltag am Spieltisch

Die Kinder umringen mit großen Augen den Spieltisch. Völlig gebannt vom Zauber der Orgelklänge. Der »Zauberer«, dessen Finger und Füße über die Tasten wirbeln und tanzen, dass ihr Blick ihnen kaum folgen kann, heißt Pater Landelin. Sein Spiel macht diesen riesigen, prächtigen, gold- und silbergeschmückten Raum zu einem Märchenpalast. Die Töne sind überall. Lassen die Kirchenbänke vibrieren, drängen in die kleinste Stuckverzierung, umschweben die dicken Säulen und marmornen Pilaster, kriechen hinter jeden Altar, jede Skulptur, drängen ungehindert hinaus ins Freie durch die schweren hölzernen Türen und die hohen Bögen der

Glasfenster. Macht der Musik. Kein Ohr kann widerstehen. Sobald sie ihre Stimmen erhebt, ist die Orgel von Beuron die wahre Königin.

Beuron ist ein guter Ort für einen, der – von der »Allmacht der Musik« ganz und gar eingenommen – mit einer »Königin« den Bund fürs Leben geschlossen hat. Hier haben die Beuroner Organisten- und Kantoren – die meisten von ihnen stammen aus der engeren Umgebung – über die Klostergeschichte hinweg schon mehrfach Kirchenmusikgeschichte geschrieben. P. Gregor Molitor, der gebürtige Sigmaringer, zum Beispiel, auf den das »Beuroner Orgelbuch« zurückgeht und dessen Kirchenlieder und Orgelkompositionen heute noch zur Standardliteratur gehören. Oder Abt Benedikt Sauter, aus Langenenslingen stammend, der schon vor 150 Jahren die »Schule des gesungenen Chorgebetes« eingeführt und zum dominierenden Element der Beuroner Liturgie gemacht hat. »Chorallöwe« P. Ambrosius Kienle aus Laiz und in der Folge die großen Kirchenmusiker, P. Dominikus Joner aus dem oberschwäbischen Bad Waldsee und der Schwarzwälder P. Maurus Pfaff aus Freiburg, verbreiteten ihre musikwissenschaftlichen Studien in Deutschlands renommiertesten Musikhochschulen.

Beuroner Choralbücher und Choral-Schola haben den Ruf des Klosters hinaus in alle Welt getragen. Auch wenn eine gute Singstimme heute nicht mehr Maßgabe für den Klostereintritt ist, wie früher selbstverständliche Gepflogenheit; der liturgische Glanz ist nach wie vor Alleinstellungsmerkmal: »Beuron heute« lebt aus der Tradition des gesungenen Chorgebetes. Das Psalmenwort »Singet den Herrn ein neues Lied« ist stete Aufforderung und auch Herausforderung.

»In der gesamten künstlerischen Gestaltung der Beuroner Liturgie darf der Pflege des gregorianischen Chorals wohl eher die Palme zuerkannt werden als der Malerei.« Hindemith-

Chorgebet in der Abteikirche bei einem Klosterbesuch aus Anlass des Konzil-Jubiläums Konstanz (1414 – 1418) mit Erzbischof Stephan (rechts) und zwei Domkapitularen

Schüler P. Korbinian Gindele (Kißlegg) hat in seiner Betrachtung »100 Jahre Choralgesang in Beuron« mit Selbstbewusstsein diese sehr persönliche Meinung vertreten. Sein heutiger »Nachfahre« im Amt lässt Noten lieber erklingen, als solche zu verteilen. Für ihn zählt einzig das gesungene wie auch das instrumentale »Gloria Dei« als die Sprache Gottes. Über die 57 Register und drei Manuale der großen Beuroner Orgel wie in der strengen Schönheit des Chorgesanges sucht und findet der Beuroner Organist und Kantor mit seinen gleichgesinnten Mitbrüdern schließlich immer wieder den Weg in die Welt des Glaubens, in der die Macht der Töne das erschließt, worauf es ankommt: »Sich-von-Gott-führen-lassen.«

»Ich predige lieber an der Orgel als am Ambo«, nimmt er tagtäglich den Dialog mit »seiner« Königin auf. Und verzaubert die Abteikirche jedes Mal wieder in einen erlesenen Klangraum. Zur Freude seiner Mitbrüder, der Kirchgänger und – zumal bei den weit ins Land hinaus strahlenden Abteikonzerten – der Chöre, der Solisten und der Zuhörer.

Die Klais-Orgel in der Beuroner Abteikirche wurde 1984 geweiht. Maßstabsgetreu nachgebaut der Beuroner Barockorgel vom Jahre 1741, die sich seit 1807 in der Stadtpfarrkirche Pfullendorf befindet, ersetzte sie das altersschwach gewordene Orgelwerk der Hauptorgel St. Martin. In Korrespondenz mit der Marienorgel im Chorraum, entwickelt sich der besondere »Beuroner Orgel-Zauber.

Geschichten und Geschichte
»Der Schott«: »Wer gut betet, lebt gut«

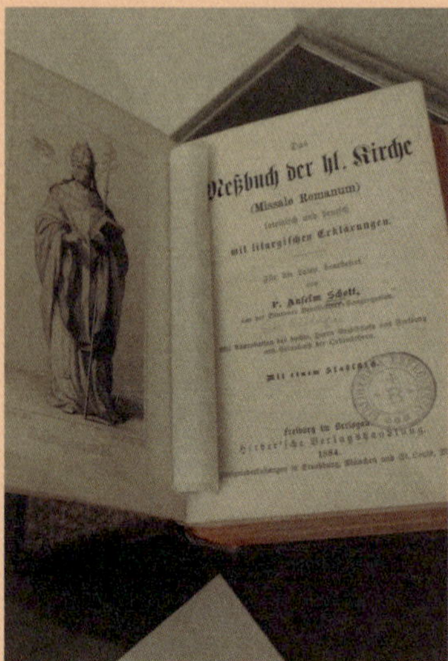

Original-Ausgabe des Schott-Messbuches

»Seine Heiligkeit wünscht von Herzen, dass das Werk recht vielen zu einer mächtigen Hilfe im Tugendleben werde. Denn gut lebt, wer gut betet.« Ein päpstliches Schreiben zum 100sten Jubiläum beglückt Erzabt Benedikt Reetz und seine Mönche mit apostolischem Segen und Anerkennung für das wohl weit verbreitetste Erbe der Beuroner Benediktiner. Das »Messbuch der heiligen Kirche«, besser bekannt als »der Schott«, dürfte wohl d e n Spitzenplatz literarischer Hitlisten im deutschsprachigen Raum einnehmen; 1884 vom Herder-Verlag in Freiburg erstmals herausgegeben, hat das beliebteste Laien-Messbuch mittlerweile schon über 50 Auflagen hinter sich. Für römisch-katholische Christen war und ist ein »Leben ohne Schott« kaum noch vorstellbar.

Sein Verfasser, Benediktinerpater Anselm Schott (1843 – 1896) aus Beuron, hat sich ein Leben lang bescheiden im Hintergrund gehalten. Es soll in Bärenthal gewesen sein, als Pater Anselm von einem alten Bauern in der Dorfkirche gefragt wurde, er wolle doch mal wissen, was in dem dicken Buch stehe, das der Priester bei der heiligen Messe immer benütze; das müsse doch sicher interessant sein, da er täglich darin lese. Pater Anselm, der dieses Anliegen eines frommen Gläubigen als nachvollziehbar erkannte, machte sich umgehend ans Werk, übersetzte die lateinisch abgefassten Texte und reicherte sie mit eigenen liturgischen Erklärungen noch an. Eine Großtat, wie die Geschichte beweisen sollte.

Die Gemeinde Bärenthal ist wie alle katholischen Dörfer rings um Beuron besonders eng mit »ihrem« Kloster verbunden, das seit dem 14. Jahrhundert die Grundherrschaft und seit Mitte des 18. Jahrhunderts die niedere Gerichtsbarkeit innehatte und heute noch pastoral betreut. Erkennbar vom beuronischen »B« im Gemeindewappen bis zur Kirchenausstattung, von der historischen Schlösslemühle Ensisheim der Augustiner Chorherren bis zur Ehrenbürgerwürde für den langjährigen Pfarrherrn und Beuroner Benediktiner P. Notker, auf dessen Initiative auch die Mutter-Gottes-Kapelle auf Gnadenweiler zurückgeht, oder auch dem Dirigentenstab, den der Beuroner Kantor und Organist P. Landelin im Kirchenchor führt. Beim »Paterfelsen«, auf dessen Bänkle die Mönche sich früher auf ihrem Fußweg »in die Diaspora« ausruhten, bevor sie sich um das Seelenheil ihrer »Kirchen-Schäfle« drunten im Tal sorgsam kümmerten, fließen das klösterliche Gestern und Heute stimmungsvoll zum großen Ganzen.

Abt Dominikus Maier baut das »Ensisheimer Schlössle« bei Bärenthal zum Feriendomizil der Beuroner Augustiner-Chorherren-Prälaten aus, bevor es nach der Säkularisation 1803 zur Domäne der Sigmaringer Hohenzollernfürsten wird

Gute Nachbarn und überall kleine Wunder

Beuroner Engel in St. Peter zu Irndorf

Alter Berg und Allensbacher Hof, Gosheim und Irndorf, Hattingen und Hartheim, Kirchenhausen und Renquishausen, Welschenberg und Westerberg ... Die Künstlermönche von Beuron machen uns die Orientierungsrallye nach Beuroner Kloster-Spuren mit ihren Skulpturen und Wandmalereien leicht. Nur wo beginnen mit der Rundreise? Am besten mit einem kleinen Pilgergang auf einst viel begangenen Klosterpfaden. Von St. Maurus aus das Hirschental hinauf wie früher gang und gäbe, als man das heilende Wasser aus dem Löwenbrunnen – von einer Quelle auf Irndorfer Markung gespeist – holte ... Oder wir streben an »Maria Trost« vorbei den Berg hinauf und kommen nach dem unerlässlichen Abstecher zum Spaltfelsen mit seiner attraktiven Klosterschau aus der Vogelperspektive zum lohnenden Ziel: der Irndorfer Kirche St. Peter, einem der wenigen in ihrer Ursprünglichkeit noch erhaltenen und in seiner Geschlossenheit eindrucksvollsten Zeugnisse der Beuroner Kunstschule. 1899 nach Entwürfen von Pater Paul Krebs entstanden, versammelt sich in der lichten Kirchenhalle die ganze Himmelsherrlichkeit auf Goldgrund. Wie gut, dass dieser Reigen musizierender, betender und singender Engel – ein besonders augenfälliges Beispiel der Beuroner Symbolsprache – kein Opfer der Kirchenerneuerungsmanie nach dem zweiten Vatikanischen Konzil geworden ist.

Der unvergessene Beuroner Malermönch als Flötenspieler im Selbstbildnis an der Decke der Hattinger Brunnenkapelle

Ein ganz besonderer Mönch ist unsauf der Spurensuche schon mehrfach begegnet: Pater Tutilo Gröner, dessen fröhliches Gotteslob noch heute in den Herzen seiner frommen Schäflein unvergessen ist. Was er in seiner lebensfrohen Auslegung katholischer Glaubenslehre als gefragter Prediger und Volksmissionar in Schulen, Kindergärten und Pfarrsälen weitergab, erinnert noch mancher in die Jahre gekommener Jungspund. Und kramt aus der Erinnerungsschatulle sein zwar vergilbtes, doch erkennbar gut getroffenes Konterfei heraus. Skizzenbuch und Blockflöte waren die immerwährenden Begleiter eines Beuroner Künstler-Paters, dessen farbenfrohe, heitere Gemälde biblischer Szenen nach alter Manier einer romanischen »Biblia pauperum« sich heute noch auf einigen sakralen Decken- und Wandgemälden bewundern lassen. »Künstlerisches Wirken und Seelsorge waren seine Berufung«, zitiert nach seinem plötzlichen Tod am Ostermontag des Jahres 1977 die klösterliche Totenchronik und das Heimatblatt verabschiedet ihn als »einen der bekanntesten und originellsten Seelsorger in Hohenzollern«. Und nicht nur beim elften Erzabt von Beuron, in dem der Namensvetter als Zwölfjährigem den »Klosterfunken« entzündet hat, bleibt das Gedenken an ein großes Vorbild frommer Lebensführung wach.

Unter der Mitra: Die Brüder aus dem Schwarzwald

Erzabt Tutilo Burger (links) und Erzbischof Stephan Burger im erzbischöflichen Ordinariat Freiburg

Zwei Brüder im geistlichen Stand? Auf dem Land kommt das, zumal in katholisch geprägten Regionen, schon gelegentlich mal vor. Doch gleich an der Spitze? Die »Burger-Brüder« aus Löffingen im Schwarzwald haben die Karriereleiter auf getrennten Wegen im Sturmschritt bis ganz nach oben erklommen. Der Jüngere, Erzabt Tutilo Burger, ist seit 2011 Chef einer der bedeutenden Benediktinerabteien im deutschen Sprachraum, der Ältere, Erzbischof Stephan Burger, seit 2014 Oberhirte der zweitgrößten Diözese Deutschlands. In der Bel-Etage des Erzbischöflichen Ordinariates ergibt sich die seltene Gelegenheit zum gemeinsamen Gespräch über ihren jeweils ganz persönlichen Zugang zur geistlichen Berufung.

Klar, eindeutig und überzeugend klingt es wie aus einem Munde: Kindheit und Jugend in einem frommen, am katholisch-christlichen Wertekodex ausgerichteten Elternhaus haben bei beiden den Ausschlag gegeben für die Priester-, Kurien- und Ordenslaufbahn. Die Abtei im Donautal hatte es den jungen Burger-Brüdern schon angetan, als ein wortgewaltiger Beuroner Pater sie im Löffinger Gemeindehaus mit einem Vortrag über das Donaukloster begeistert und dann zu einer Klosterbesichtigung eingeladen hat. Vor nahezu 50 Jahren sei das gewesen und »der Funke sprang sofort über«. Aus vagen Vorstellungen wurde die Gewissheit; mal spielt Stephan, der Ältere, mit dem Gedanken, nicht Tierarzt, sondern doch Mönch zu werden; mal liebäugelt der jüngere Heinz mit dem Beruf des Orgelbauers und entschließt sich dann doch – vom Vorbild des großen Bruders angespornt – zum Eintritt ins Kloster.

Nach dem Abitur trennen sich die geistlichen Wege der Brüder. Der heutige Erzbischof studiert in München und Freiburg, absolviert neben seinem Dienst als Pfarrer im Rhein-Neckar-Kreis ein Aufbaustudium am Kanonischen Institut der Universität Münster, wird »Defensor vinculi«, dann Kirchenanwalt, übernimmt die Leitung des Offizialates und wirkt als Priester im Kaiserstuhl, bevor er 2013 in Freiburg zum Domkapitular und ein Jahr später vom Papst zum Erzbischof ernannt wird. Sein Bruder, der heutige Erzabt von Kloster Beuron, studiert in Salzburg und Rom, setzt auf Priesterweihe und Mönchsprofess noch die Ausbildung zum Diplom-Betriebswirt, zeichnet als Cellerar in Beuron verantwortlich für den klösterlichen Wirtschaftsbetrieb und wird 2011 von seinen Ordensbrüdern zum elften Erzabt von Beuron gewählt.

Erzbischof wie Erzabt sehen das Christentum als das unverrückbar prägende Siegel unseres europäischen Kontinentes. »Nach innen wirksam über eine klar festgefügte Werteorientierung und die Jahrhunderte überdauernde Kultur- und Bildungsarbeit. Nach außen sichtbar in der sakralen Baukunst.« Mit dem Freiburger Münster als dem »schönsten Fingerzeig Gottes im Christlichen Abendland« und mit der Erzabtei Beuron als einem »Fanal der Einheit von Menschengeist und Naturschönheit« ist dem geistlichen Tandem aus dem Schwarzwald auch in diesem Punkt ein Spitzenplatz sicher.

Verbunden zu einem »magischen Dreieck«

Wege entstehen beim Gehen

Suchende sind wir
Kostbar ist uns das Verborgene
Wanderer ohne Zeit und Ziel
Machen wir uns auf den Weg
Das Wahre und Beständige
Schutz und Halt zu finden

Wo lässt sich das Geheimnis unsres Seins ergründen?

Wege öffnen sich beim Gehen
Verhülltes gibt sich dann zu sehen
Wenn wir Sehnsucht in der Seele tragen
Spuren suchen, Breschen schlagen
Das Ziel wird nur erkennen, wer im Glauben ruht
Bestand im Leben hat nur, was man für einander tut

Dem Neckar zu: Wandern Sie noch oder pilgern Sie schon?

Dem Orts- und Feldpatron von Obernheim geweiht, krönt die Kapelle des heiligen Wolfgang eine dieser »Jura-Pyramiden« aus Kalkfelsen, Magerrasen und Wacholdergestrüpp, mit denen die Kuppen-Alb ihr so ganz einmaliges Höhenprofil prägt. Was für eine atemberaubende Rundsicht: schöpfungsprächtig in der Fülle und Vielfalt ihrer Naturphänomene ... Geschichtsträchtig als ein »zimlich schöner Fleckh« (Zitat aus einer hohenbergischen Amtsbeschreibung des 16. Jahrhunderts) ... Glaubensmächtig in ihrer spirituellen Aura, die den Blick nach außen weitet und gleichzeitig nach innen lenkt.

Kapelle St. Wolfgang auf dem Scheibenbühl in Obernheim

Die Untere und die Obere Bära haben hier ein Hochplateau geformt, das wahrlich seinesgleichen sucht. Fest umarmt von den Zwillingsflüsschen thront Obernheim wie eine Insel der Seligen gut 200 Höhenmeter hoch droben über den beiden Talauen-Bändern, die sich bei den Galgenwiesen hinter Nusplingen, der jungen Donau zu, vereinen.

Das schmucke, prosperierende Dörfle, die Weiden, Wiesen und Wälder zwischen Hexenbühl und Kirchlebühl, Schafbühl und Scheibenbühl ist geografisch wie geologisch ein faszinierendes Séparée. Lediglich tausend Meter Luftlinie mögen es sein, die übers Bäratal hinweg auf den gegenüberliegenden Hardt-Höhen die Schnittstelle dreier Landkreise (Sigmaringen, Tuttlingen und Zollernalb) markieren, die gleichzeitig die der beiden Regierungsbezirke Südwürttemberg und Südbaden ist und damit auch die beiden Diözesen Rottenburg und Freiburg voneinander trennt. Ein guter Platz für unser »Klostergespräch«, das dem Wurzelgeflecht einer Freundschaft nachspüren will, die die Menschen aus dem württembergischen Norden mit dem hohenzollerischen Süden und den badischen Westen verbindet. Dies ganz unabhängig von ihrer vielfach unterschiedlichen Mentalität, Lebenssituation und konfessionellen Ausrichtung.

Zum Gipfeltreffen auf dem Scheibenbühl hat mein Gesprächspartner Achim Wicker, seit wenigen Monaten Dekanatsreferent im Zollernalbkreis, mit Walter Klaiber aus Nusplingen die zum Thema passende Verstärkung gleich mitgebracht. Hat das Heimat-Kloster doch als einstiger Patronatseigner aus uralten Zeiten der Augustiner Chorherren mit der katholischen Bevölkerung rund ums Hardt, den Großen Heuberg und das Bäratal tief verankerte Bindungen, die von den Benediktinermönchen nahtlos übernommen und – sozusagen im »kleinen Grenzverkehr« – vor allem auf familiärer Ebene heute noch gepflegt werden.

»Christliche Glaubensfeste, Konzerte, Ausflüge, es gibt reichlich und gerne genutzte Anlässe für viele Familien im Zollernalbkreis, die fest verankerte Beziehung aufrecht zu halten. Kloster Beuron gehört seit Generationen zu den sakralen Anlaufpunkten, die quasi von Kindesbeinen an vertraut sind.« Mag die religiöse Komponente in der Bevölkerung heutzutage auch mehr und mehr in den Hintergrund geraten, in diesem Punkte sind sich beide – der altgediente Handwerker, mehrfache Großvater und leidenschaftliche Alphornbläser aus Nusplingen wie auch der aus gutbürgerlicher Familie in Ebingen stammende Dekanatsreferent, junge Familienvater und engagierte Geschäftsführer der Martinusgemeinschaft in Baden-Württemberg – völlig einig. Bei aller Unterschiedlichkeit von Herkunft und Lebensverlauf sind ihre jeweils mit Kloster Beuron verwobenen Kindheitserinnerungen erstaunlich übereinstimmend: Ministranten- und Schulausflüge in das der Erzdiözese Freiburg zugeordnete Donaukloster, festtägliche Familien-Exkursionen mit dem Ziel Beuroner Abteikirche, vor allem auch zur Christmette – »mit damals drei Stunden lang oft stehend in einem randvollen Gotteshaus zwar ziemlich ermüdend, aber immer eindrucksvoll« –, regelmäßige Wanderungen nach St. Maurus und ins romantische Liebfrauental, »und selbstverständlich ein Abstecher in die Kloster-Buchhandlung, denn ohne devotionales Mitbringsel ging es

Der Pilgerstab vereint sie. Achim Wicker (links) und Walter Klaiber treffen sich zum »Gipfelgespräch«.

nicht zurück nach Hause«. Mit einem kleinen Schmunzeln erinnert man sich sogar unisono an die gelegentliche Beichte; aus beruflicher Warte sieht der Dekanatsreferent in der bis auf den heutigen Tag verlässlich angebotenen Bereitschaft der Beuroner Mönche zur Einzelseelsorge »eine nicht hoch genug einzuschätzende Erleichterung für die immer mehr vom Priestermangel strapazierten Gemeindepfarreien«.

Während unsere Schritte auf ausgetretenem schmalem Pfad an Büscheln strahlendgelber Hungerblümchen die Kreuzwegstationen abwandern, um sich dann wieder dem hohen weißen Kreuz mit dem Schmerzensmann vor der Kapelle zuzuwenden, geht er noch näher auf den Kern der »Achse« monastischer und pastoraler Seelsorge ein. Repräsentant einer »Kirche von morgen, die sich den veränderten Bedürfnissen der Gesellschaft anpassen muss, um zu überleben«, schreibt er »Glaubensräumen, wie ihn die Benediktiner von Beuron nicht nur mit Leben erfüllen, sondern auch allen Menschen offen halten«, eine hohe Bedeutung in der Zukunft zu: »Die Kirche braucht solche Orte mit Strahlkraft.« Neue Wege, die den Menschen Alternativen der Lebensführung aufzeigen. Denn nach diesen suchen sie immer öfter. Aus seiner Sicht gehören dazu auch Wallfahrtsorte und Pilgerwege, »weil sie ganz individuelle Glaubenserfahrungen ermöglichen«. Im wachsenden Zuspruch auf diözesanübergreifende Angebote wie Martinusweg oder MeinRadWeg, auf denen die Erzabtei Beuron ebenfalls eine Schlüsselposition einnimmt, erkennt er die Bestätigung seiner Überzeugung: »Wir müssen unsere heiligen Orte pflegen«, ist der erste Kernsatz. In direkter Beziehung dazu steht der zweite: »Menschen gehen dorthin, wo sie sich wohlfühlen.« Auf unser Thema bezogen kann die Quintessenz also nur heißen: »Die Klöster werden obsiegen.«

Auch die alte Friedhofskirche »Peter und Paul« zu Nusplingen gehört zu den herausragenden Stationen auf der »Via Sancti Martini«. In der Vielfalt bemerkenswerter Kirchenbauten auf dem Heuberg ist sie ein unschätzbares Kleinod. Ein Spiegel der Volksfrömmigkeit und ein Denkmal der Sakralkunst mit mehr als tausendjähriger Geschichte. Bürgersinn und Bürgerfleiß hat diesem schon dem Verfall preisgegebenen jahrhundertealten Gemäuer die Renaissance zum vielbesuchten Kulturraum gesichert. Die historisch enge Verbindung zu den Mönchen von Kloster Beuron bewährt sich bis heute in einem vielseitigen Veranstaltungsangebot.

»Es wird anders werden, aber nicht weniger intensiv«, übernimmt Walter Klaiber das Wort mit Einblicken in seine eigene »praktisch lebenslange« Klosternähe. Für den kleinen Buben damals sei die obligatorische Familienwallfahrt von »Maria Königin« in Nusplingen zum Gnadenbild der »Schmerzensmutter« in Beuron nicht immer das reine Vergnügen gewesen. »Später dafür umso mehr eine Selbstverständlichkeit.« Ein Traupater aus Beuron bei seiner eigenen Hochzeit, Traditionspräsenz bei Maiandachten und Lichterprozession ins Liebfrauental und schließlich auch die jährliche Traditions-Wanderung einer befreundeten Rentnergruppe nach Beuron oder zur »Mutter Europas« nach Gnadenweiler, um nur einige Beispiele zu nennen. Das bedeutsamste darunter: Der legendäre Beuroner Klosterbruder Christian hat in Walter Klaiber vor 50 Jahren die Liebe zum Alphorn geweckt. Auf dessen Vermittlung hin hatte er sich ein eigenes Instrument in der Schweiz erstanden und wenig später zusammen mit fünf ähnlich alphornbegeisterten Kameraden eine eigene »Band« gegründet. So mancher Gottesdienst in der Abteikirche wurde verschönt und als Beste im Landesverband haben sie ihre Heimat und ihr Kloster sogar beim Südwest-Rundfunk zu nicht alltäglichen Ehren gebracht. Ohne Präsenz der Nusplinger Alphorngruppe gab es über Jahre hinweg keine Tiersegnung, kein Feuerwehrfest, kein Ständchen auf dem Kirchhof ... Die Krönung seines Musikerlebens war aber zweifellos die Lourdes-Wallfahrt mit dem Landesverband: »In Anwesenheit von Papst Benedikt vor 20.000 Pilgern die große Wallfahrtsmesse mit Albhornklängen zu verschönern, das hatte schon was.«

Vor zehn Jahren wartete die nächste große Herausforderung. Dass er sich nicht zweimal von Achim Wicker bitten ließ, die Wegeführung einer Teilstrecke des neuen Martinus-Pilgerweges zu übernehmen, war eine Ehrensache. Es wurden dann gleich »ganze 60 Kilometer«. Hunderte Holztäfelchen hat er dafür gezimmert. Und ganz nebenbei beim Schnitzen von Pilgerstöcken seine neue Lieblingsbeschäftigung entdeckt. Seither ist Walter Klaiber »im Gäu zwischen Hardt und Heuberg« ständig auf der Suche nach geeigneten Haselstecken, aus denen sich kunstvolle Pilger-Gehhilfen zaubern lassen.

Der Schatzmeister und die Ethik des heiligen Benedikt

Aufschauen zu einem katholischen Heiligen? Kein Problem. Warum sollte ein Christ mit evangelischem Taufschein da Berührungsängste haben? Zumal es in unserem speziellen Fall um den heiligen Benedikt geht. »Eine Gallionsfigur der abendländischen Kultur, ein Vorbild für hunderte von Mönchsgenerationen und mit wesentlichen Richtlinien seines Regelwerkes die Basis der Unternehmenskultur.« Mit Reinhold Schlegel, seines Zeichens Fachberater für Unternehmensnachfolge, Rechtsbeistand, Steuerberater und Wirtschaftsprüfer aus Balingen, setzt ein hochkarätiger Wirtschaftsexperte den kundigen Akzent. Aus Überzeugung engagiert er sich für die gute Sache. Schatzmeister zu sein im Klosterverein »Verein der Freunde der Erzabtei St. Martin zu Beuron« ist für ihn weit mehr als eine Ehre.

Schatzmeister Reinhold Schlegel vor dem Gemälde des heiligen Benedikt in der Pfortenhalle des Klosters

In dieser »Funktion zum gegenseitigen Wohl«, die der gebürtige Eyachtäler aus Laufen vor zehn Jahren gerne und mit Elan vom damaligen Geschäftsführer Werner Schmid-Lorch aus Albstadt-Ebingen angenommen hat, sieht der »Experte der Zahlen« zuerst einmal die verantwortungsvolle Aufgabe: »Basierend auf dem Vertrauen von rund anderthalbtausend vorwiegend im Südwesten des Landes beheimateten Mitgliedern, dass die von ihnen für das Wohlergehen der Mönche von Beuron und ihres Klosters gespendeten Gelder gut angelegt und korrekt verwaltet werden.« Die grundsätzliche Bedeutung dieser gemeinschaftlichen Dienstleistung für Kloster Beuron und seinen benediktinischen Mönchskonvent greift allerdings seiner Ansicht nach weit über diesen Vereins-Freundeskreis hinaus.

»Es geht nicht um den bloßen Erhalt eines bedeutenden Kulturdenkmales, sondern um ein hochaktuelles gesellschaftspolitisches Thema, nämlich die Rückbesinnung auf die prägenden Werte unseres europäischen Kontinents.« Die Zweckbestimmung des Fördervereines der Erzabtei Beuron sieht er darin, mit aller Konsequenz und allen denkbar möglichen Mitteln die Klosterzukunft auf tragfähige Beine zu stellen. Das heißt: »Die richtigen Ziele setzen und dann auch die gangbaren Wege zu finden, diese zu erreichen.« Schlegel hat Ziele vor Augen, die ganz neuen Anforderungen an eine Gesellschaft angepasst sind: »Einer Gesellschaft, die dabei ist, Religion wieder zu einem Hauptthema zu machen.«

Vehemenz und Überzeugungskraft, mit der ein Experte aus der vorwiegend mittelständisch strukturierten Wirtschaftsregion im Südwesten unseres Landes unser »Gespräch im Kloster« mit einer mutigen These über regionale Grenzen hinaushebt, sind unverkennbar. Sie überraschen in ihrer Eindringlichkeit. Denn die Meinung wird im Nachsatz deutlich und unmissverständlich begründet. Schlegel hält die rechtzeitige Umkehr von der totalen Verweltlichung, wie sie in den angelsächsischen Ländern bereits Platz gegriffen habe, in unserem europäischen Kulturkreis noch für möglich. »Je schwieriger das Lebensumfeld in unserem Land wird, umso stärker gefragt ist der Halt an spirituellen Grundwerten, die Europa als christliches Abendland geprägt haben.«

Der Schatzmeister kann den künftigen »Kundenkreis« einer zielorientierten Ausstrahlung des Klosters konkret benennen: Da ist eine immer älter werdende mobile Generation Sechzig plus, die ihr Leben lang durch die Welt gereist ist und nun das Bedürfnis hat, ihre Heimat zu entdecken. Für sie ist Kloster Beuron und sein Umfeld ideal als Ort für fruchtbare neue Begegnungen. Da ist die vom Leistungszwang erschöpfte Klientel der Berufstätigen, die einen Ort zum Aufatmen sucht, ein paar Tage zur Ruhe kommen will, der hier eine »Heimstatt auf Zeit« geboten wird. Da sind die jungen Familien, die in diesem einmaligen Verbund einer großartigen Landschaft mit einem lebendigen geistlichen Zentrum Erholung, Anregung und Entdeckerfreude finden. Und nicht zuletzt geht ein Wink an die gestressten Kollegen aus dem Mittelstand, die vieles aus dem sich über Jahrhunderte bewährenden Regelwerk Benedikts, nach dem sich die Mönchsgemeinschaft im Kloster jeden Tag ausrichtet, beherzigen könnte.

Eine gangbare Lösung für viele der mittlerweile ausufernden gesellschaftlichen Probleme? Im »weltweiten Business der Großkonzerne« hat sie sich als ethischer Wertecodex in Form von verbindlichen Compliance- und Government-Verpflichtungen bereits angebahnt. »Ohne Ethik-Maßstäbe und moralische Werte in die Finanz-, Wirtschafts- und Arbeitswelt zu bringen, kommen wir nicht weiter. Noch ist allerdings viel Luft nach oben.« Kloster Beuron könne da viel Grundlegendes bieten. »Doch man muss der Bevölkerung zeigen, dass und was sich hier tut.«

Zum beruflichen Tagwerk eines erklärten »Benedikt-Fans« gehört es, mit gutem Beispiel voranzugehen. Vom Beuroner Klosterbruder über die Benediktiner-Schwester bis zum Erzabt und Abtprimas – im RWS Forum Balingen waren sie alle schon mehrfach als Referenten zu Gast.

»Das schafft Nähe, Verständnis füreinander und stärkt die gegenseitige Verbundenheit.« Alles Komponenten eines guten Miteinanders, das – Reinhold Schlegel erinnert sich gerne und mit Begeisterung – in den frühen Fünfzigern mit dem Fährtle im »Käfer« von Ebingen aus am Schloss Sigmaringen vorbei durchs Donautal nach Beuron begann, später bei Wanderungen mit Kind und Kegel, Konzertbesuchen und Klosterfesten gefestigt wurde und hoffentlich zu unser aller Wohl noch lange nicht zu Ende sein werde. Dem heiligen Benedikt sei Dank.

Lauretanische Litanei in der Gnadenkapelle

Wenn Freunde helfen, können Engel reisen

Klosterkunst auf Reisen. Werk und Wirken aus den Ateliers und Werkstätten hinaus in die breite Öffentlichkeit zu tragen, hat das Ansehen der Erzabtei ganze entscheidend geprägt. Waren es am Beginn des 20. Jahrhunderts die »Bildchen«, die tausendfach vervielfältigte »Beuroner Kunst« vom damals eigens gegründeten Beuroner Kunstverlag hinaus »unters Volk« brachten – neben Postkarte bis hin zu Pfarrbrief und Kerze heute noch ein gefragtes Souvenir in der christlichen Welt – so wuchs ihre Wertschätzung in der Fachwelt anlässlich vielbeachteter Kunstausstellungen: Wien, Paris, Karlsruhe ... In einer Aufzählung der Highlights behaupten neben dem Klosterort selbst auch die Kunstgalerien in Albstadt und Engen, die Kunststiftung Hohenkarpfen und die Saulgauer Fähre einen guten Platz. Engel reisen nun mal gerne. Die Beuroner machen da keine Ausnahme.

Der Künstlermönch Jan Verkade, Selbstportrait 1910

Das kostet nicht nur Geld. Auch Herzblut. Ohne Freunde, die sich in den Dienst der guten Sache stellen, läuft da nichts. Ein beeindruckendes Beispiel für besonders nachhaltiges »Kunstmarketing« nimmt vor mehr als hundert Jahren in Lautlingen seinen

Anfang. Mit ihrem seelsorgerischen Engagement in den Dörfern »auf und hinter dem Berg« hatten die Beuroner Benediktiner eine uralte Tradition der Augustiner Chorherren aufgenommen. Diese »Mission« führte dazu, dass Pater Willibrord Verkade immer wieder die Vertretung des Lautlinger Pfarrers Albert Pfeffer übernahm. Es erwuchs eine enge Freundschaft, zumal der Künstler aus Beuron im Pfarrherrn aus Lautlingen, der zugleich als Vorsitzender des Kunstvereins der Diözese Rottenburg amtierte, einen versierten Kunstfreund erkannte, der die in Beuron von P. Desiderius Lenz vorgegebene und von der Beuroner Kunstschule umgesetzte neue Sakralkunst mit großem Interesse verfolgte. Über 30 Jahre hinweg bis zu dessen Tod hat Verkade einen regen Briefwechsel mit Pfarrer Pfeffer geführt und ihm einen Teil der eigenen Bilder sowie die ihm übereigneten Exponate seiner französischen Künstlerfreunde anvertraut.

»Jan Verkade, ein holländischer Schüler Gauguins – Fabrikantensohn, Malermönch, Schriftsteller, Seelsorger –, kann zum Freund werden«, so der einstige Leiter des Albstädter Kunstmuseums und langjährige Kurator des Beuroner Kunstbestandes Adolf Smitmans. Als promovierter Theologe und Kunsthistoriker verfügte er über beides, das Experten-Urteil und die Leidenschaft für einen Suchenden, in dessen Werk nahezu alle Kunstströmungen der Zeit Spuren hinterlassen haben. Kloster Beuron führt auf diese glückliche Symbiose den wohl wertvollsten Teil seines Kunstbestandes zurück. Der Ära Adolf Smitmans danken die Beuroner Benediktiner nicht nur die Übernahme zweier großflächiger Verkade-Fresken aus Salzstetten-Heiligenbronn, sondern auch die Anbahnung einer wertvollen Kunststiftung.

»Um das Höchste zu erfassen, muss man sich zuerst vom Höchsten erfassen lassen.«

»Eva, die Sünde beweinend«, Ausstellung Wiener Sezession, P. Willibrord Jan Verkade 1905

Was den Künstler Verkade inspirierte, sodass er sich dem monastischen Weg unterordnen konnte, mag auch den Kunsthistoriker bewegt haben. Der hatte zunächst als Theologe Verantwortung im Bischofsstab der Diözese Rottenburg-Stuttgart getragen, bevor er sich als Kunsthistoriker uneingeschränkt den »Schönen Künsten« zuwandte. Smitmans hatte 1989 die erste internationale Verkade-Ausstellung nach Albstadt geholt, die zuvor in Amsterdam und Quimper gezeigt wurde. Dass mit diesem Ereignis lokale Bedeutung für den Albstädter Raum verbunden war, weil 20 Bilder zurückkehrten, die einst in den Räumen des Lautlinger Pfarrhauses lagerten, hatte damals alle Beteiligten überrascht. Noch mehr allerdings fiel später ins Gewicht, dass Smitmans als ehrenamtlicher Kurator der maßgeblich vom »Verein der Freunde« betreuten klösterlichen Kunstsammlung in Beuron den Weg ebnete für die großzügige Nachlassverfügung des Vermächtnisses von Dr. Erich Endrich – Franziska Weidelener. Der Verkade-Bestand erfuhr dadurch eine immense Bereicherung. Zumal sich darunter Werke von Pierre Bonnard über Maurice Denis, Paul Sérusier, Édouard Vuillard und Charles Filiger, Alexej von Jawlensky, Hugo Troendle, Anny Schröder und anderer prominenter Größen des 20. Jahrhunderts befinden; Geschenke an den Beuroner Mönch, in denen der Respekt vor dem Künstlerfreund zum Ausdruck kommt.

Dieser »Edelstein in der Beuroner Schatztruhe« hat die »Beuroner Kunst-Geschichte« um eine weitere Dimension bereichert. Über mittlerweile mehrere beachtenswerte Ausstellungen auch ins Bewusstsein der heimischen Region gedrungen, lenkt er verdientermaßen auch den Blick auf das ehrenamtliche Engagement der Klosterfreunde.

Geschichten und Geschichte
Pilger-Segen: »Du führst mich hinaus ins Weite ...«

Wandern Sie noch oder pilgern Sie schon? In Gnadenweiler bei der Kapelle »Maria-Mutter Europas« ist diese Frage müßig. Bei jedem Wetter und zu jeder Zeit führt mindestens ein Weg zum spirituellen Ziel.

Martinusweg. Jakobsweg. MeinRadWeg. Kloster Beuron ist als geistliches Zentrum die spirituelle Mitte in einem Netz landesweiter und regionaler »Straßen des Glaubens«. Pilgern ist »in«. Der voll gestempelte Pilgerausweis dokumentiert eine bewundernswerte mentale und sportliche Leistung. Jeder einzelne von diesen täglich bis zu 30 Wanderkilometern will schließlich erst einmal »unter die Füße« genommen und dann auch mit Disziplin und Durchhaltevermögen bewältigt sein. Das bedeutet Herausforderung für Körper und Geist gleichermaßen. Überwindung heißt das Zauberwort. Neugier die Antriebskraft. Ehrgeiz das Aufputschmittel. Fürs hilfreiche »Vademecum« sorgt die Diözese Rottenburg-Stuttgart mit anregender Lektüre in Form rucksackgerechter Pilgerführer.

»Du führst mich hinaus ins Weite und machst meine Seele hell.« Bischof Dr. Gebhard Fürst, dem vor zehn Jahren aus Anlass seines »Sechzigsten« diese 1.200 Etappenkilometer quer durch Württemberg auf der europäischen Mittelroute der »Via Sancti Martini« von »seinen« Ministranten »geschenkt« worden sind, stellt seinem Geleitwort vom »pilgernden Gottesvolk« ein Psalmisten-Wort voraus. Seit 2005 in die Liste der »Europäischen Kulturwege« aufgenommen, können sich der Martinusweg und sein Pate – längst auch auf die benachbarte Erzdiözese Freiburg ausgedehnt – einer kontinuierlich wachsenden Frequentierung erfreuen. Mit ihm auch Dekanatsreferent Achim Wicker, der als Geschäftsführer der St. Martinus-Gemeinschaft mit einem Heer von Helfern maßgeblich für Koordination und Organisation eines reibungslosen Ablaufes sorgt.

Dem Aufruf »Immer wieder samstags – Pilgern auf dem Martinusweg« zu folgen, – sicher geführt vom Wegzeichen gelbes Kreuz auf rotem Grund – ist eine ergiebige Spurensuche. Eine zielstrebige Etappen-Wanderung »Von Martin zu Martin zu Martin ...« Haupt- und jeweils in sich geschlossene Nebenstrecken führen vom Geburtsort des heiligen Martin im ungarischen Städtchen Szombathély zunächst der Donau entlang zu den schönsten und bedeutendsten Stätten der Verehrung des Heiligen quer durch Österreich und Deutschland, dann durch Luxemburg und Belgien an dessen Bischofssitz und spätere Grabstätte in Tours in Frankreich.

Der Balinger Dekanatsreferent hat sich vorgenommen, mit einem Kreis Interessierter »seinen Weg« vom Ursprung bis zur Endstation abzulaufen. Zwei Teilstrecken hat er schon hinter sich gebracht. Und dabei gleich aus Ungarn und Österreich die schöne Idee der »Martinskipferln« importiert. Als schwäbische Zwillingshörnle sind sie beim »Samstagspilgern« auf seiner »Haus-Strecke« des »Martinusweges Donautal« willkommene Wegzehrung. Symbolkraft inbegriffen. Denn auf diese Weise kommt zu den Pilger-Attributen »Gehen und Beten«, »Schauen und Sich-selbst-begegnen« der Mehrwert »Teilen«. Ganz so, wie der heilige Martin seinen Mantel mit dem Bettler geteilt hat, kann man sich das vom Balinger Bäcker kreierte Doppelhörnle gemeinsam mit dem Mitpilger schmecken lassen und dabei gegenseitig Anteil nehmen an der Freude über so manches unerwartete Wunder am Wegesrand.

Jakobsweg: Vom Stern geleitet auf der Via Beuronensis

Jakobspilger vor dem Kloster Beuron

Wo das rote Martinus-Wegzeichen auf die blaugoldene Jakobsmuschel trifft, um an Irndorf vorbei ins Donautal zu führen, lädt der Kapellen-Rundweg »Glaube – Kunst – Natur« zum Verweilen. Gnadenweiler – das grüngoldene »Penthouse von Kloster Beuron« zu nennen, ist nicht verkehrt. Dieser hochgelegene Weiler – von den Hohenzollernfürsten einst gnadenhalber auf Bitten einiger Landwirte genehmigt – ist im wahrsten Sinne des Wortes ein Gnadenort. Vom Beuroner Mönch Pater Notker Hiegl im

Vor dem Abmarsch auf dem Pilgerweg Via Beuronensis zur Reichenau: Die Eyachtal-Ministranten Haigerloch beim frohen Morgengebet auf dem Vorhof der Beuroner Abteikirche.

Schulterschluss mit dem Breisacher Künstler Helmut Lutz initiiert und realisiert und 2006 geweiht, hat sich die Kapelle »Mutter Europas« zu einem vielbesuchten Wallfahrtsort entwickelt und der benachbarte gastliche »Kapellenblick« ist zu einem der meistfrequentierten Ausflugsziele im Landkreis Tuttlingen avanciert.

Dieser markante »sakrale Vorhof« bringt in seiner spirituellen wie landschaftlichen Ausdruckskraft die Motivation zur Pilgerschaft – und sei sie noch so individuell begründet – auf den Punkt. Im Heiligenhimmel warten viele Ansprechpartner auf die Gläubigen, doch allein die räumliche Nähe von diesen drei mächtigen Anziehungspunkten, wie sie die Gottesmutter Maria in trauter Runde mit Martin von Tours und Pilgervater Jakobus darstellen, dürfte ziemlich einmalig sein. Hier die Mutter Europas, dort die »Schmerzensmutter von Beuron«, hier die Via Sancti Martini, dort die Via Beuronensis. Mit der mannshohen eisernen Statue eines Jakobus-Pilgers auf dem Gnadenweiler Glaubensweg und vor der Abteikirche St. Martin führen sie unmittelbar ans Ziel. Der Klosterheilige und der Pilgerheilige lassen in schöner Eintracht die Erkenntnis reifen: »Heilige Orte sind wie Tankstellen, um Kraft und Energie für den Lebensweg aufzufrischen.« Und ermuntern zum Weitergehen.

MeinRadWeg: Wir sind mit dem Radl da

Startplatz an der Sülchenkirche in Rottenburg

Noch ein Dritter im heiligen Bunde wartet schon an der Pforte zu Kirche und Kloster: Der heilige Meinrad. Eine kecke Wort-Spielerei lässt die Frage, worum es bei dieser kirchlich-klösterlichen Offerte eigentlich geht, gar nicht erst aufkommen. »MeinRadWeg« lädt zur Themen-Tour. Also auf ins Radler-Paradies! Mit dem heiligen Meinrad als Schutzpatron, Ratgeber und Hüter der Gastfreundschaft haben vor zwei Jahren die Klosterwallfahrt Einsiedeln, das bischöfliche Ordinariat Rottenburg Stuttgart und das erzbischöfliche Seelsorgeamt Freiburg gemeinsam einen Radpilgerweg aus der Taufe gehoben. In vier Etappen geht es von Rottenburg über

Beuron und die Reichenau nach Einsiedeln. Eine Traum-Strecke quer über die Zollernalb an die junge Donau, dann entlang der Hegauberge an den Bodensee und weiter in alpiner Höhenluft durch Berg und Tal nach Einsiedeln. Der Radpilgerweg auf den Spuren des in der Nähe der Rottenburger Sülchenkirche geborenen und nach segensreichem Wirken auf der Reichenau in seiner Cella Einsiedeln ermordeten Märtyrers »verbindet eine ökologisch sinnvolle Freizeitaktivität und sportliche Herausforderung mit benediktinischer Kultur und Geschichte« lassen uns seine Organisatoren wissen. Die Benediktinermönche in der Radhochburg Beuron am Europäischen Donau Radwanderweg können das nur von ganzem Herzen unterstreichen und bieten ihre bewährte Gastfreundschaft an.

Gastpater Sebastian verabschiedet eine Meinrad-Pilgergruppe aus dem Kloster Einsiedeln (CH), die sich aus Beuron wieder zurück auf den Heimweg in die Schweiz macht

Zeittafel Kloster Beuron

1080/90	Gründung des Augustiner-Chorherrenstifts Beuron
1687	Erhebung zur Abtei
1696–1704	Neubau der Klostergebäude
1732–1738	Neubau der Klosterkirche
1759–1761	Hochaltar von J. A. Feuchtmayer, J. G. Dirr und A. Dirr
1802	Säkularisation: Der Klosterbesitz fällt an den Fürsten von Hohenzollern-Sigmaringen, Aufhebung des Stifts
1863	Neubesiedlung des Klosters durch Benediktiner
1868–1871	Bau der Mauruskapelle; erstes Werk der Beuroner Kunstschule
1872	Zerstörung des Hochaltars, neues Altarbild der Beuroner Kunstschule
1874–1875	Umgestaltung der Klosterkirche
1875–1887	Vertreibung des Konvents aus Beuron
1884	Gründung der Beuroner Kongregation
1887–1907	1. Erweiterung der Klosteranlage: Refektoriumsbau, Kunstflügel, Gastflügel, Sakristei, Klosterpforte
1898–1904	Errichtung der Gnadenkapelle
1925–1926	2. Erweiterung der Klosteranlage: Klerikat mit Theologischer Hochschule, Bibliothek, Mariengarten
1942	Einrichtung eines Reservelazaretts im Kloster durch die Wehrmacht
1947–1951	Rebarockisierung der Klosterkirche
1951	Gründung des Instituts der Vetus Latina

1960–1961 Errichtung des Ostflügels am Mariengarten mit neuer Klosterpforte und Räumen für die Vetus Latina

1989 Beginn umfangreicher Instandsetzungs- und Restaurierungsarbeiten mit Unterstützung der Landesregierung von Baden-Württemberg und des Vereins der Freunde der Erzabtei St. Martin zu Beuron e.V.

2000–2001 Neuer Magazinbau mit Lesesaal für die Bibliothek; neue Heizzentrale; Neubau des Wasserkraftwerkes bei St. Maurus; Restaurierung der Krypta unter der Gnadenkapelle

Klösterliche Barockpracht im Kapitelsaal: der Beuroner Abts-Thron

Zum guten Schluss

Der Blick zu den Sternen hilft uns Menschen heraus aus dem Alltag. Mit dem Lichtermeer aus dem Welt-All vor Augen verspüren wir einen Hauch von Unendlichkeit. In der Begegnung mit Kloster Beuron können wir eine ähnliche Entdeckung machen. Die Philosophin, Frauenrechtlerin und Märtyrerin Edith Stein hat diese spirituelle Oase im Tal der jungen Donau dereinst einen »Vorhof des Himmels« genannt. Was könnte die nüchtern analysierende Geisteswissenschaftlerin zu einer so religiös inspirierten, Feststellung geführt haben?

Kloster Beuron gewährt mit vieldeutigen Antworten eine eindeutige Erklärung. Da ist das immer neu faszinierende Miteinander von Barockseligkeit und Beuroner Kunst – ein Wechselbad von Überschwang und Strenge der Formen und Farben – getragen von Erhabenheit und Ebenmaß des gregorianischen Choralgesanges. Da ist die Verlässlichkeit einer beeindruckenden Liturgie, die das Chor-Gebet nach der Ordensregel über alles hebt. Da ist die Harmonie von Natur-Schönheit und Geistes-Kraft, die sich mit marianischer Volksfrömmigkeit paart.

Die Sterne von Beuron – die Wappensymbole der Augustiner-Äbte wurden in der Beuroner Kunst »benediktinisch« stilisiert – strahlen weit hinaus in die Welt. Vor unserer eigenen Haustür zwischen Schwarzwald und Schwabenalb, zwischen Bodensee und Bussen, zwischen Donau und Neckar finden sich besonders viele ihrer leuchtenden Spuren. Auf Altären und Kirchenwänden, in Urkunden und Denkmälern. Vor allem aber in den Herzen der Menschen. Wie die Lichtzeichen am nächtlichen Firmament weisen sie einen Weg, den zu begehen sich lohnt.

Meinen kundigen Begleitern auf der Suche nach Beuroner Sternen ein herzliches Dankeschön.

Im August 2021
Notburg Geibel

Schrecklein

Erzabt Tutilo Burger

Reinhold Schlegel

ael Beck

Dr. Edwin Ernst Weber

Dr. Heiko Schmid

ans-Joachim Schuster

Karl Friedrich Fürst von Hohenzollern

Notburg Geibel

andmann

Walter Klaiber

Laura Müller

Achim Wicker

Quellen

Werner Brändle / Theo Keller, Beuroner Kunstverlag 2011: Die Macht der Bilder.

Erzabtei St. Martin 2009: Auf dem Weg mit den Mönchen.

P. Virgil Fiala, Beuroner Kunstverlag 1963: Beuron 1863–1963.

Walther Frick, J. F. Hagenlocher Verlag 1999: Felsen, Burgen, Rittersleut.

Notburg Geibel, Gmeiner-Verlag 2003: Geniewinkel.

Notburg Geibel, Gmeiner-Verlag 2005: Himmlisches Viereck.

Notburg Geibel, Gmeiner-Verlag 2012: Großer Heuberg.

Notburg Geibel, Gmeiner-Verlag 2015: An der jungen Donau.

Notburg Geibel, Beuroner Kunstverlag 2018: Ein starkes Stück Europa

Stefan Hartmaier / Martin Mangold, Gustav Mesmer Stiftung Kirchentellinsfurt 2004: Gustav Mesmer, Flugradbauer.

Gunther Haug, Gmeiner-Verlag 1996: Von Rittern, Bauern und Gespenstern.

Heinrich Heidegger / Pierfrancesco Stagi, Gmeiner-Verlag: Martin Heidegger.

P. Notker Hiegl, Beuroner Kunstverlag 1969: Beuron und seine Heiligen.

Jakobus Kaffanke / Katharina Oost: Beuroner Kunstverlag 2008: »Wie der Vorhof des Himmels.«

Kurt Georg Kiesinger, Deutsche Verlags-Anstalt 1984: Schwäbische Kindheit.

Karen Kuehl / Anette Hähnel, Gmeiner-Verlag 2011: Das Fürstliche Haus Hohenzollern.

P. Coelestin Merkle (Hg.), Beuroner Kunstverlag 1963: Das hundertste Jahr.

Wilfried Meichtry, Eichborn Verlag 2001: Du und ich – ewig eins: Die Geschichte der Geschwister von Werra.

P. Stephan Klaus Petzolt: Dissertation Bayerische Julius-Maximilians-Universität Würzburg 1990: Die Gründungs- und Entwicklungsgeschichte der Abtei Beuron im Spiegel ihrer Liturgie (1863–1908).

Wilfried Schöntag, Beuroner Kunstverlag 1988: 250 Jahre Abteikirche Beuron.

Harald Siebenmorgen, Thorbecke-Verlag 1983: Die Anfänge der »Beuroner Kunstschule«. Peter Lenz und Jakob Wüger 1850–1875.

Edwin Ernst Weber (Hg.), UVK Verlagsgesellschaft 2003: Renitenz und Genie.

Christoph Witt, Gmeiner-Verlag 2009: Der Heilige Heimrad von Meßkirch.

Hubert Wolf, C.H. Beck 2013: Die Nonnen von Sant' Ambrogio.

Fotos: Sofern hier nicht gelistet, stammen alle Bilder von Notburg Geibel.
S. 24: Br. Felix Weckenmann OSB Beuron
S. 30: Zollern-Alb-Kurier, Albstadt
S.62: Martin-Heidegger-Museum Meßkirch
S. 68: Ulrike Ehinger
S. 69: Simone Napierala
S. 70: Gustav Mesmer Stiftung
S. 89: Stadt Tuttlingen
S. 125 (Beck): Stadt Tuttlingen
S. 125 (Faber-Schrecklein): Faber-Schrecklein
S. 125 (Geibel): Margrit-Ann Geibel
S. 125 (Müller): Anja Sandmann
S. 125 (Sandmann): Laura Müller
Cover: Br. Felix Weckenmann OSB
U4 (Münster Freiburg): Erzbischöfliches Ordinariat Freiburg i.Br., Bildarchiv, Aufnahme Michael Eckmann
U4 (Reichenau): ©Leonid Andronov - stock.adobe.com
U4 (Weingarten): Notburg Geibel